国网企业大学

培训教学管理者能力提升内训实录

国家电网公司高级培训中心 组编

中国电力出版社
CHINA ELECTRIC POWER PRESS

内 容 提 要

本书选取国网高培中心近几年培训教学管理内训活动内容，分为职业素养、专业知识、业务能力、操作技能四个能力模块，遵循"适应期""蜕变期""修炼期"三个能力发展阶段，采取岗位胜任能力模型、能力进阶地图、业务知识简介、专题授课教案、读书心得交流（报告）、有关内容扫码阅读等多种呈现方式，全方位、多角度展现国网高培中心培训教学管理能力内训活动。

本书可作为企业的培训管理者（培训经理、培训主管或企业大学学习设计人员）、独立培训师或企业内训师，以及培训机构的培训顾问的培训教材。

图书在版编目（CIP）数据

国网企业大学培训教学管理者能力提升内训实录 / 国家电网公司高级培训中心组编 . — 北京：中国电力出版社，2018.12

ISBN 978-7-5198-2862-2

Ⅰ.①国… Ⅱ.①国… Ⅲ.①电力工业－工业企业管理－职工培训－教学管理－研究－中国

Ⅳ.① F426.61

中国版本图书馆 CIP 数据核字（2018）第 290322 号

出版发行：中国电力出版社

地　　址：北京市东城区北京站西街 19 号（邮政编码 100005）

网　　址：http://www.cepp.sgcc.com.cn

责任编辑：冯宁宁（010-63412537）

责任校对：黄　蓓　郝军燕

装帧设计：王英磊　赵姗姗

责任印制：钱兴根

印　　刷：三河市万龙印装有限公司

版　　次：2018 年 12 月第一版

印　　次：2018 年 12 月北京第一次印刷

开　　本：889 毫米 ×1194 毫米　16 开本

印　　张：8

字　　数：130 千字

定　　价：48.00 元

编　委　会

前　　言

国家电网公司高级培训中心是国网公司系统专业管理人员培训的重要机构，也是公司高素质、复合型、国际化人才的培训基地，为公司人才培养和软实力建设提供服务保障与智力支持。教学培训处是国网高培中心培训、会议、考试等各类项目的实施部门，承担着培训项目实施过程中的教学组织与管理、公司重要会议和招聘考试的服务保障工作。近年来，教学培训处根据培训工作需要，逐步开展了混合式培训方式创新和案例开发工作。

国网高培中心党委对提升教学培训处培训教学管理者（即培训项目的一线工作者、培训班的组织者和管理者，这里称为班主任）的工作能力和服务技能高度重视。为了落实国网高培中心党委的工作要求，教学培训处以解决教学培训组织中的实际问题为导向，坚持开展内部实训活动。内部实训由起初的冬训逐渐发展为全年的常态化工作，定期每月开展 1~2 次。除极少量内容聘请外部师资授课外，大部分内容本着实战、实用、实干的原则，由内部员工根据实际工作需要，自主设计培训方案，自主训练。本书正是这些内部员工培训内容的结集，取名为《国网企业大学培训教学管理者能力提升内训实录》。

这本"内训实录"选取近几年来教学培训处内训活动内容，分为职业素养、专业知识、业务能力、操作技能四个能力模块，循着"适应期""蜕变期""修炼期"三个能力发展阶段，采取岗位胜任能力模型、能力进阶地图、业务知识简介、专题授课教案、读书心得交流（报告）、有关内容扫码阅读等多种呈现方式，全方位、多角度展现国网高培中心培训教学管理能力内训活动。

本书编辑出版的目的，一是对国网高培中心培训教学管理内训活动进行阶段性总结，经典工作情境案例的积累和关键注意事项的萃取，有助于实现经验的可视化、理论化、实用化；二是为业务指导提供"百宝箱"，以利于今后新进员工入职学习，更快、更好、高质量地度过自己的工作适应期；三是期望能为供电企业培训机构开展培训教学管理能力提升和员工培训管理创新与实践活动，起到抛砖引玉、交流借鉴、奠基铺路的作用。

本书由国网湖北省电力有限公司管理培训中心原校长助理、人力资源与教育培训管理专家余东华先生担任主审。同时，本书在编写过程中还参考了很多专家学者的相关资料，在此一并致谢。

由于时间和水平的限制，有些内容有待进一步完善，书中难免存在疏漏和不足之处，恳请读者批评指正。

编者
2018 年 10 月

目　　录

第1章

职业素养

培训教学管理者代表的是培训品牌的形象，是内涵和品位展示的重要窗口和名片。在培训管理中，岗位胜任标准、职场礼仪的要求及规范是怎样的呢？培训教学管理者应该如何不断提升自身的职业素养呢？本章将还原具体工作场合，关注培训教学管理者的内外兼修、收放自如。

1.1 岗位胜任标准

培训教学管理者是培训项目实施阶段的重要一线工作者、培训项目的组织者和管理者。对于国网高培中心而言，培训教学管理者是联系受训学员与授课教师的桥梁和纽带，是发现培训实施过程中的问题的"前沿哨所"，其工作成效直接关乎培训项目的质量与效果。同时培训教学管理者还是加强"国家电网"品牌传播、展示国家电网培训品牌的重要"窗口"。本章课程围绕培训教学管理者应该具备的岗位胜任要素，构建了培训教学管理岗位胜任能力模型和进阶地图，旨在助力培训教学管理者尽快成长成才，更好地胜任其岗位。

1.1.1 胜任标准（适应期）

依据培训教学管理者的工作内容，从职业素养、专业知识、业务能力、操作技能四个方面入手，构建适应国网高培中心功能定位和发展要求的培训教学管理者胜任力模型（详见图 1.1）。职业素养是培训教学管理者应该具备的职业意识、工作态度和行为规范；专业知识是从事培训工作需要掌握的培训专业理论和业务；业务能力是在培训教学管理过程中解决、处理相关业务问题的能力；操作技能是培训教学管理者在日常工作中使用各种辅助性工具和运用现代培训教学技术的能力。

① 职业素养	③ 业务能力
② 专业知识	④ 操作技能

图 1.1 培训教学管理者胜任力模型

对培训教学管理者胜任力模型具体描述为：

要素	胜任特征	行为描述
职业素养	职业意识	（1）政治意识：树立正确的世界观和人生观，坚持正确的政治思想和政治认识，增强政治敏锐性。 （2）大局意识：用长远的眼光分析问题，顾全大局，积极宣传公司品牌，维护公司形象、遵守各项规范和标准。 （3）服务意识：满足主办方和学员的合理需求，关注、分析其潜在需求，提供个性化培训产品和服务，为客户创造价值。 （4）合作意识：团队工作中，明确自己的角色和职责，尊重他人的意见，乐于与他人合作开展工作。 （5）保密意识：对使用的师资信息、试题等涉密文件和资料，以及属于国网高培商业秘密的有关资料，严格保密。
	工作态度	（1）脚踏实地：严格按照班主任工作流程和标准，不折不扣地完成每项工作任务。 （2）尽职尽责：对工作职责有深入的理解，以高度的自觉性和主动性全身心投入本职工作中。 （3）爱岗敬业：热爱本职工作，对负责的工作不推诿、不搪塞，出现问题时，有应对问题的措施，勇于担当。
	行为规范	（1）廉洁自律：廉洁守纪，严格遵守工作流程和各项纪律规定。 （2）节约意识：牢固树立企业意识，勤俭节约，增收节支。 （3）言行举止：注意仪容仪表，衣着整洁、得体、大方，正式场合着正装。
专业知识	公司业务	（1）战略宣贯：紧跟公司发展前沿，研究公司发展战略和重点工作要求。 （2）成果转化：关注公司管理变革和最佳管理实践，及时做好培训转化。
	管理知识	（1）宏观形势：总体的把握和了解国内外政治经济形势。 （2）电网知识：了解和熟悉电网相关业务知识。 （3）管理常识：掌握项目管理、教育学、成人教育心理学等基本知识。
	培训理论	（1）培训规律：熟悉成人培训理论和方法，研究培训发展规律。 （2）培训工具：熟练掌握需求分析、项目策划、项目实施、效果评估等培训各环节的基本原理及操作工具。 （3）项目开发：了解培训发展前沿，学习项目设计方法，根据公司工作要求，开发和更新满足需求的培训项目。
业务能力	把握驾驭能力	准确把握培训定位和需求，按照培训计划和实施方案有序推进工作。深入班级，掌握学员思想动态，积极正面引导。
	组织协调能力	为保证工作顺利进行，应有组织协调各方面关系，指导各种活动的综合能力。
	沟通表达能力	在培训过程中，善于与主办方和单位各部门沟通，并与外部师资建立良好的合作关系。注重学员管理的方式方法，正确处理管理与服务的关系。
	问题解决能力	能够及时并妥善处理培训过程中遇到的各种问题，有能力、有办法处置培训过程中的突发事件，保证培训安全运行。
	文字写作能力	能够具有较强的文字写作能力，高标准、高质量完成撰写领导讲话、开班结业报道，培训宣传稿、培训总结等文字工作。
	学习创新能力	追踪公司发展和培训管理的最新动态，利用多种途径与资源学习。善于总结经验，剖析问题成因，研究工作规律，结合成人学习特点，持续改进和创新班主任工作。
操作技能	办公软件	能够熟练运用 Word、Excel、PowerPoint 办公软件。
	语言技能	为做好公司国际化培训工作，需具备较高的英语水平。
	应用软件	结合培训信息化发展需要，熟悉并能运用培训技术应用软件。

1.1.2　进阶地图（适应期）

　　培训教学管理者按照其成长过程，我们划分为适应期、蜕变期和修炼期三个能力发展阶段，同时对照岗位胜任能力要求（职业素养、专业知识、业务能力、操作技能），梳理了具体内容，形成了《培训教学管理者进阶地图》。

培训教学管理者进阶地图

	职业素养	专业知识	业务能力	操作技能
修炼期 (2~3年)	1.3 职场礼仪与行为规范 1.3.2 职业形象与职场礼仪 1.3.2.3 接待礼仪	2.1 理论与业务知识 2.1.4 成人教育发展史 2.2 培训行业典型经验 2.2.2 学习设计师理论之六度模型	3.3 促动能力 3.3.1 拓展训练 3.3.2 学习复盘研讨 3.3.3 小组讨论 3.4 案例教学	4.4 培训教学方法与工具 4.4.1 若干研讨工具的使用 4.4.2 "拆书帮"教学方法
蜕变期 (1~2年)	1.2 闭环管理理念	2.1 理论与业务知识 2.1.3 教学案例开发 2.2 培训行业典型经验 2.2.1 国有企业培训优秀实践	3.1 组织能力 3.1.3 培训中的沟通与问题处理 3.1.4 妥善处置突发事件 3.2 引导能力 3.2.1 课程引导与总结 3.2.2 引领教学游戏 3.2.3 主持学员论坛	4.3 实用外语 4.3.1 日常工作英语口语 4.3.2 电力专业常用英语
适应期 (0~1年)	1.1 岗位胜任标准 1.1.1 胜任标准 1.1.2 进阶地图 1.3 职场礼仪与行为规范 1.3.1 行为规范 1.3.2 职业形象与职场礼仪 1.3.2.1 职业形象 1.3.2.2 职场礼仪	2.1 理论与业务知识 2.1.1 培训专业基础知识 2.1.1.1 国家电网有限公司培训体系解析 2.1.1.2 学习是怎样发生的 2.1.2 电力行业基本知识	3.1 组织能力 3.1.1 组织班会和班委会 3.1.2 提供会议服务	4.1 计算机软件及应用 4.1.1 常用办公软件的使用 4.1.2 微课设计开发 4.2 现代化培训设备的使用 4.2.1 教学设备基本操作 4.2.2 掌上高校、数字化校园操作

1.2 闭环管理理念（蜕变期）

闭环思维指的是上级布置了一项工作，作为下属应该竭尽全力去完成，不管完成的质量如何，都应该在约定的时间给予反馈。闭环管理不仅仅是责任心，更强调团队配合和人际敏感性。本次内训结合"三到法"的方式梳理了对"闭环管理"的认识，形成《闭环管理学习研讨成果》，包括"关于闭环管理的认识"和"工作中需要提高的方面"两个部分，以强化全员闭环思维意识，提高工作质量和效率。

备注："三到法"即听到、想到、做到。

➤ **听到：**关于闭环管理，你听到了什么？

➤ **想到：**你想到了什么?

➤ **做到：**你决定具体做什么？何时开始？怎样做？

闭环管理学习研讨成果

关于闭环管理的认识：

（1）工作中要有闭环管理的意识。

（2）注意工作的方式方法，避免经验主义，做到标准化、专业化。

（3）做好团队配合，要有同理心，考虑工作相关方的感受。

（4）工作是否按时完成都要及时反馈。

工作中需要提高的方面：

（1）项目负责人要有全局意识，注意把控项目进度，确保工作保质保量完成。

（2）确定每项工作完成的时间节点，按照时间节点及时反馈。

（3）长期工作要有阶段性反馈，过程中主动沟通，提高效率。

（4）置顶重点工作微信群，不要关闭消息提醒功能。

（5）重点项目在微信群里每天反馈、汇报工作进度，每完成一项工作及时在群里通报，做到信息共享，提高工作效率。

（6）邮件中的工作项没有完成的可以标注"未读"状态。

（7）重要工作事项发送邮件后一定要通知到邮件接收人。

（8）收到邮件、微信等工作事项通知要及时反馈。

（9）项目负责人保证每月的重点工作计划按照闭环管理的要求完成。

参考文章：

共青团中央（你靠谱吗？速来用"闭环"自查）

你靠谱吗？速来用"闭环"自查

1.3 职场礼仪与行为规范

作为电网企业的培训教学管理者，要按照电网企业行为规范要求和培训从业人员行为规范，时刻注意自身举止行为，提升自我修养，塑造良好精神面貌，打造完美职场形象。本次内训活动以电网企业培训教学管理者为主要对象，着重介绍了行为规范、职业形象与职业礼仪，同时以接待礼仪为典型经验分享，对具体要求进行详细解读。

本次内训活动的教学目标：

（1）受训者掌握班主任行为规范；

（2）受训者对职业形象与职业礼仪相关要求有一定了解；

（3）受训者通过典型经验分享形成感性认知。

内训成果展示：

职场礼仪与行为规范

1.3.1　行为规范（适应期）

（1）宣传公司品牌，维护公司形象、遵守各项规范和标准。

（2）廉洁守纪，严格遵守工作流程和各项纪律规定，不接受学员吃请，不收受学员礼物。

（3）牢固树立保密意识。对所接触和使用的师资信息、培训方案、试题等涉密文件和资料及其他属于商业秘密的有关资料，严格保密。

（4）牢固树立企业意识，勤俭节约，增收节支，并在工作中用实际行动向学员传递勤俭节约的理念。

（5）同事之间团结友爱、互相帮助；不利于团结的话不说，不利于团结的事不做；研究工作时，坦诚发表意见。

（6）注意仪容仪表，衣着整洁、得体、大方，开班、结业、上课等正式场合着正装。在办公场所言语温和平静。谈话或打电话时，语气和措辞要注意场合、掌握分寸。在办公区域行走从容不迫、庄重大方，在紧急情况下快步疾行应不发出大的声响。

1.3.2　职业形象与职场礼仪

1.3.2.1　职业形象（适应期）

1. 职业要求规范

学习目标：

（1）规范日常行为，提升自我修养，打造完美的职场形象。

（2）塑造良好的精神面貌。

教学形式： 微课教学

（1）《打造完美的第一形象——仪表仪态规范》

（2）《好好说话——文明用语规范》

打造完美的第一形象——
仪表仪态规范

好好说话——
文明用语规范

2. 职业形象塑造

学习目标：

（1）熟练掌握职业妆要求和技巧。

（2）了解着装规范和服饰搭配等内容。

教学形式： PPT

自我形象装扮

自我形象装扮

1.3.2.2 职场礼仪（适应期）

中西餐用餐礼仪

内训成果展示：课程教案（含中西餐礼仪注意事项）

课 程 教 案

（1）课程描述：

教学对象	培训教学管理者	课程名称	中西餐用餐礼仪
教学方式	讲授、互动、情景演练	教学时长	120 分钟
教学目标	（1）巩固内训成果，掌握中餐用餐礼仪及注意事项。 （2）西餐餐具的摆放方式和内容，掌握西餐用餐礼仪和注意事项。 （3）中西餐用餐礼仪和注意事项，查找中西餐用餐的区别。		
教学内容	通过现场讲授和情景演练，让员工熟悉了解中、西餐用餐礼仪及注意事项，其中包含餐签、餐具摆放和礼仪文化等内容。		
教学准备	（1）教室摆放：中西式餐厅，摆放刀叉、餐盘等道具。 （2）设备：白板、白板笔（红色、蓝色、黑色）、大白纸、无线话筒、音响设备等。		

（2）教学过程：

步骤	教学活动	时间分配
课程导入	热身——中餐预留席餐签摆放。 巩固之前内训成果，掌握中餐用餐礼仪及注意事项。 中餐桌餐座次摆放规则、用餐礼仪、注意事项。 各组推荐一人按要求摆放餐签，其他人不做提示。	5 分钟
步骤一	预留席准备、上餐的注意事项及用餐礼仪。 现场角色扮演。 了解中餐文化和用餐礼仪、注意事项等。	25 分钟
游戏导入	热身——找茬游戏（西餐餐具摆放）。 了解西餐餐具的摆放方式和内容，掌握西餐用餐礼仪和注意事项。 西餐餐具的种类和摆放规则。 各组分别找出餐具摆放存在的问题，写在白板上。	10 分钟
步骤二	现场演示西餐口布如何放。 随机选择一人表演，其他人发现记录问题。 解决发现的问题，了解西餐文化和用餐礼仪、注意事项等。	10 分钟
步骤三	现场演示西餐刀叉如何使用。 随机选择一人表演，其他人发现记录问题。 了解西餐文化和用餐礼仪、注意事项等。	20 分钟
步骤四	现场演示喝红酒的过程。 随机选择一人表演，其他人发现记录问题。 了解西餐文化和用餐礼仪、注意事项等。	20 分钟
步骤五	西餐用餐注意事项。 讲授西餐用餐中的注意事项。 了解西餐文化和用餐礼仪、注意事项等。	20 分钟
总结	了解是否掌握课程演示相关内容。 总结中西餐用餐礼仪和注意事项，查找中西餐用餐的区别。 内训将提炼中西餐用餐礼仪规范和用餐时的注意事项。	10 分钟

中西餐礼仪注意事项

（1）中餐礼仪的注意事项：

1）入座后姿势端正，脚踏在本人座位下，不可任意伸直，手肘不得靠桌缘，或将手放在邻座椅背。

2）用餐时须温文尔雅，从容安静，不能急躁。

3）在餐桌上不能只顾自己，也要关心别人，尤其要招呼两侧的女宾。

4）口内有食物，应避免说话，咀嚼食物不要"吧吧"出声。

5）自用餐具不可伸入公用餐盘夹取菜肴。

6）必须小口进食，不要大口塞，食物未咽下，不能再塞入口中。

7）取菜舀汤，应使用公筷公勺。

8）入口时，两肘应向内靠，不要向两旁张开，以免碰及邻座。

9）避免在餐桌上咳嗽、打喷嚏、吐痰和怄气（不要讨论不开心的话题）。万一不禁，应说声"对不起"。

10）如吃到不洁或异味，不可吞入，应将入口食物，轻巧地用拇指和食指取出，放入盘中。倘若发现尚未吃食，但在盘中的菜肴有昆虫和碎石，不要大惊小怪，宜待侍者走近，轻声告知侍者更换。

11）在餐厅进餐，不能抢着付账，推拉争付，非常不雅。倘若作客，不能抢付账。未征得朋友同意，不宜代友付账。

12）食毕，餐具务必摆放整齐，筷子不要放到碗上，不可凌乱放置。餐巾亦应稍加折叠，放在桌上。

（2）西餐礼仪的注意事项：

1）用餐时，身体要端正，手肘不要放在桌面上，不可跷足，与餐桌的距离以便于使用餐具为佳。餐台上已摆好的餐具不要随意摆弄。将餐巾对折轻轻放在膝上。

2）每次送入口中的食物不宜过多，在咀嚼时不要说话，更不可主动与人谈话。

3）面包应掰成小块送入口中，不要拿整块面包咬。抹黄油和果酱时也要先将面包掰成小块再抹。

4）不可在餐桌边化妆，用餐巾擦鼻涕。

5）用餐时打嗝是最大的禁忌，万一发生此种情况，应立即向周围的人道歉。

6）取食时不要站立起来，坐着拿不到的食物应请别人传递。

7）就餐时不可狼吞虎咽。不愿吃的食物也应要一点放在盘中，以示礼貌。主人劝客人添菜，如有胃口，添菜不算失礼，相反主人也许会引以为荣。

8）进餐时应与左右客人交谈，但应避免高声谈笑。不要只同几个熟人交谈，左右客人如不认识，可选自我介绍。别人讲话不可搭话插话。

9）不可在进餐时中途退席。如有事确需离开应向左右的客人小声打招呼。饮酒干杯时，即使不喝，也应该将杯口在唇上碰一碰，以示敬意。当别人为你斟酒时，如不要，可简单地说一声"不，谢谢！"或以手稍盖酒杯，表示谢绝。

10）喝咖啡时如愿意添加牛奶或糖，添加后要用小勺搅拌均匀，将小勺放在咖啡的垫碟上。喝时应右手拿杯把，左手端垫碟，直接用嘴喝，不要用小勺一勺一勺地舀着喝。吃水果时，不要拿着水果整个去咬，应先用水果刀切成4或6瓣，再用刀去掉皮、核，用叉子叉着吃。

11）在进餐尚未全部结束时，不可抽烟，直到上咖啡表示用餐结束时方可。如在左右有女客人，应有礼貌地询问一声"您不介意吧！"

1.3.2.3 接待礼仪（修炼期）

作为培训教学管理者，我们在实际工作中，经常会参与接待工作，接待礼仪也成为每一个培训教学管理者应该掌握的内容。接待分为要情接待和外籍人员接待两种情况，本次内训活动用时2.5小时，主要介绍了要情接待和外籍人员接待的相关注意事项和礼仪，便于培训教学管理者做好接待工作。

1. 要情接待

要情接待指系统内一定级别以上领导干部及知名专家学者出席重要班次、会议或者授课等事项时，需由本单位领导接待或一并出席。

内训成果展示：课程教案（含要情接待常见注意事项）

课 程 教 案

（1）课程描述：

教学对象	培训教学管理者	课程名称	要情接待常见注意事项和职场礼仪
教学方式	分组研讨、模拟演练	教学时长	2.5 小时
教学目标	（1）分析提炼要情接待中的常见问题，探寻解决方案。 （2）汇总要情接待中职场礼仪规范。		
教学内容	（1）内容： 要情接待中遇到过哪些问题？如何处理？ 要情接待中需要注意的职场礼仪规范。 （2）要求： 全员参与，群策群力。		
教学准备	（1）教室摆放：岛屿式。 （2）分组：3组，每组4人（准备三个研讨室）。 （3）设备：大白板、白板笔（黑、红、蓝3色），每组需要白板笔（黑、红、蓝3色）、大白纸、无线话筒、音响设备等。		

（2）教学过程：

步骤	教学活动	时间分配
分组	指定分组，通过开场游戏选出一名组长负责组织讨论和演练，并为本组起一个适合的组名，将组名写在本组的白板上。	10 分钟
小组讨论	（1）按照要情接待基本流程提供三个场景，每个场景提供相应的关键词。	5 分钟
	（2）每组针对关键词展开组内讨论。 要求： 1）围绕关键词提出工作中遇到的问题或者有什么值得注意的问题，并讨论相关处理办法。 2）组长负责组织讨论，控制研讨时间，防止偏题。 3）各组分别将讨论的问题和办法记录下来，准备组内比拼。	40 分钟
各组比拼	（1）各组抽签选择一个场景。	90 分钟
	（2）第一轮：第一组作为防守方，第二组作为进攻方。 第二组针对第一组选择的场景关键词提出问题，第一组针对问题提出解决办法。	
	（3）第二轮：第二组作为防守方，第三组作为进攻方。 第三组针对第二组选择的场景关键词提出问题，第一组针对问题提出解决办法。	
	（4）第三轮：第三组作为防守方，第一组作为进攻方。 第一组针对第三组选择的场景关键词提出问题，第一组针对问题提出解决办法。	
	规则： 1）提出的问题必须围绕场景关键词，是在工作中遇到的问题或者有什么值得注意的问题。数量5个。 2）解决的办法可以是具体的描述，可以是提炼总结，也可以是模拟表演，但是要解决问题并切实可行。 3）所有人员共同评判解决办法是否有效、全面，并打出相应分数，成绩记为0~5颗星。 4）主持人把问题和解决办法记录在防守方的白板上。 5）获得星星数多的组为获胜组，会获得小奖励。	
总结	通过研讨和比拼，对要情接待中的问题和处理措施等进行总结分析，形成要情接待工作常见问题解答手册和行为规范。	5 分钟

要情接待常见注意事项

场景一：前期准备

（1）领导行程要确定什么信息？

姓名、职务、到达时间、车牌号、是否接送、是否用餐、随行人员信息、如何离开、出发时间、预留车位、是否需休息房。

（2）接待台如何准备？

房卡及信封（排房）、人员、时间段、名单及资料（资料顺序和文件袋）、指示牌、收银，其他主办方要求。

（3）房卡及信封如何分类？

一定级别以上的人员需制作信封，打印：姓名 + 单位 + 职务。

（4）房间配备什么？（一定级别以上）

文件资料、电脑、茶叶、洗漱用品（毛巾等）。

报纸三种——电网报、环球、参考。

杂志三种——随机。

书、护眼灯、浴袍、拖鞋（棉拖、塑料拖鞋）。

电器、水温、空调温度、空气净化器、加湿器（提前打开）。

绿植。

（5）接待要情时，会场要准备什么？（一定级别以上）

1）资料（讲话稿等，注意顺序）、纸笔（签字笔、铅笔、红黑铅笔）。

2）音响、话筒（专用话筒，含备用）、电脑、激光笔、录像。

3）杯子、茶水、湿毛巾、纸巾、靠背。

4）休息室、引领员、工作人员、轻音乐、座次、横幅和国网标。

场景二：接待中的礼仪

（1）正确的引领手势应如何做？

现场模拟（引领时走在领导的前方 2~3 步的距离；做引导手势；在转弯处、楼梯口、电梯口要稍等一下，待领导跟上后再走；如遇不明显的台阶、缝隙线等，要提醒注意安全）。

（2）领导问询如何回答？

如领导问资料有误等——联系人员解决。

（3）是否握手？

根据领导到达情况和领导的请求。

（4）下车后如何介绍领导？

介绍主方，再介绍客方。

（5）会议房卡如何给？

给随行人员或给领导本人。

（6）是否需要控梯？

1）一定级别以上的领导需联系后勤工程控梯，提前检查。

2）一定级别以上的领导需提前过去叫梯，等候领导。

场景三：用餐和休息

（1）领导饮食有忌讳，如何处置？

询问秘书（是否吃辣、过敏食物、清真、茶叶、口味等）。

（2）西餐桌如何安排。

杯子是否干净、餐花、餐巾、刀具、筷子、公筷。

座次安排。

（3）领导到达后时间紧如何处理？

询问主办方，准备简餐，会议时间顺延几分钟。

（4）休息室注意事项有哪些？

温度、气味（加湿器、空气净化器提前打开）。

提前检查是否除尘。

欢迎茶、矿泉水、纸巾。

西装、领带。

（5）休息时遇到外部因素干扰如何处置？

如施工等特殊或临时情况。

主动汇报。

安排转到远离干扰区的房间。

2. 外籍人员接待

为深入落实国家"一带一路"战略，早日建成具有卓越竞争力的世界一流能源互联网企业，国家电网有限公司一直致力于国际化发展。目前，国家电网已在菲律宾、巴西、葡萄牙、澳大利亚等国家和地区或稳健运营海外资产或设有全资子公司，与当地电网同行有着深入的交流与合作。国网高培作为公司复合型、国际化人才的培训基地，已经成功举办了包括菲律宾国家电网公司高级经理培训、国网巴西控股公司特高压技术与企业管理培训和希腊国家电网公司员工来华培训在内的多期外籍学员培训项目。

为了让培训教学管理者更有针对性和更高效地进行外籍学员培训管理，国网高培专门开展了《菲律宾社会文化》与《巴西社会文化》内训活动，旨在使受训者了解学员所在国的风土人情、特色文化，从而在项目实施的过程中做到相互尊重、有礼有节，展示良好的国网形象。两次内训活动各用时60分钟左右，活动过程中主要采用小组讨论与讲授互动的教学方式。

内训成果展示：课程教案（含课件）。

《菲律宾社会文化》课程教案

（1）课程描述：

教学对象	培训教学管理者	课程名称	菲律宾社会文化
教学方式	讲授、小组研讨	教学时长	60分钟
教学目标	任务目标： 提升培训教学管理者组织实施菲律宾籍学员培训项目的能力，能够更好地与菲籍同事交往。 知识目标： （1）让学员认识菲律宾国旗、国徽，掌握国家的三大区域，曾占领过菲律宾的三个国家，了解社会民生的基本数据等。 （2）让学员了解西班牙、美国、日本对菲律宾社会文化的影响，掌握一些社交的风俗禁忌。 （3）让学员更全面了解菲律宾外籍培训项目的前期准备事项，没有经验的培训教学管理者具备组织实施经验。		
教学准备	（1）教室摆放：小组讨论式。 （2）教学设备：投影仪、白板、白板笔（红色、蓝色、黑色）、大白纸、便签贴、无线话筒、音响设备等。		

（2）教学过程：

步骤	教学活动	时间分配
开场	课程暖场： （1）给出一道选择题，介绍菲律宾国旗。 （2）给出一道问答题，介绍菲律宾国徽。	5分钟
	明确课程目标： （1）对菲律宾国家基本情况有所了解。 （2）介绍菲律宾社会文化和社交要点，避免社交中的尴尬。	2分钟
	介绍课程内容： （1）菲律宾国家概况。 （2）提问哪三个国家占领过菲律宾，引出亚欧美三重文化色彩。 （3）菲律宾培训项目组织回顾，组织小组讨论。	3分钟
国家概况介绍	了解大家对菲律宾的熟悉程度： 请学员分享自己对菲律宾的了解。	3分钟
	帮助学员整体感知菲律宾： （1）播放一个菲律宾国家风采的短片。 （2）结合表格，介绍面积、人口、行政区划、经济、民生等要素。	7分钟
社会文化介绍	简要介绍西班牙、美、日对菲律宾社会文化的影响。	5分钟
	分点介绍特殊禁忌要点，包括宴会、作客、用餐、数字、风俗等。	10分钟
	小结： 关于文化和社交的选择题，选出正确做法。	5分钟
培训项目经验分享	（1）播放菲律宾管理人员培训项目结业视频。 （2）介绍菲律宾培训项目的前期准备、特别事项及学员特点等。	10分钟
	研讨交流： 认为菲籍学员管理中最重要的环节是什么？	5分钟
总结	（1）每人写出印象最深刻的内容，国家概况和文化禁忌均可，派一名代表分享。 （2）如果自己带外籍学员班，有什么创新举措？	5分钟

菲律宾社会文化课件

《巴西社会文化》课程教案

（1）课程描述：

教学对象	培训教学管理者	课程名称	巴西社会文化
教学方式	讲授、小组研讨	教学时长	60分钟
教学目标	任务目标： 通过学习和了解巴西社会文化与人文，使教学培训管理者能够掌握巴西文化基本常识和社交礼仪；并了解和思考组织实施外籍学员培训项目的创新方式，提升外籍学员培训项目的服务水平。 知识目标： （1）了解巴西地理和历史概况及风土人情。 （2）围绕国网在巴西海外业务开展的主要城市，掌握这些城市的基本情况。 （3）思考并列出外籍培训项目中具备实施性的教学和课外活动，为项目管理者丰富组织和实施经验。		
教学准备	（1）教室摆放：小组讨论式。 （2）教学设备：投影仪、白板、白板笔（红色、蓝色、黑色）、大白纸、便签贴、无线话筒、音响设备等。		

（2）教学过程：

步骤	教学活动	时间分配
开场	课程暖场： （1）播放巴西国歌，使学员提前进入学习氛围。 （2）问题导入，提问大家对巴西的印象。 （3）提出关于巴西常识的问答题，了解学员对巴西的了解程度。	5分钟
	明确课程目标和内容 （1）围绕巴西概况、风土人情、主要城市情况介绍这三方面，学习巴西文化常识和基本社交礼仪。 （2）了解国网在巴西海外业务分布的主要城市的基本情况。 （3）思考并写出外籍培训项目中具备实施性的教学和课外活动。	3分钟
国家概况介绍	形成学员对巴西的整体印象 （1）介绍巴西国土面积、人口、行政区划、经济、民生等国家概况中的基本要素。 （2）介绍巴西历史。 （3）介绍巴西国旗的由来与构成。	10分钟
风土人情介绍	（1）播放巴西风土人情介绍的视频，视频内容包括巴西自然风光、桑巴文化、足球文化等。	5分钟
	（2）详细介绍巴西社交礼仪要点，包括宗教风俗、宴会、作客、用餐、打招呼等。	10分钟
	（3）介绍巴西独特的自然景观。	5分钟

续表

步骤	教学活动	时间分配
主要城市介绍	围绕国网在巴西海外业务开展的主要城市，介绍这些城市的基本情况。	5 分钟
培训项目经验分享	（1）邀请外籍培训项目班主任介绍项目组织的感受。 （2）针对外籍培训项目的特点，使用团队列名法，让学员思考并提出外籍培训项目中具备实施性的教学和课外活动。	12 分钟
总结	（1）每组派一名代表分享外籍培训项目中具备实施性的教学和课外活动。 （2）每组派一名代表分享课程中印象最深刻的内容。	5 分钟

巴西社会文化课件

第 2 章
专业知识

学习型组织是一种有机的、高度柔性的、扁平化的、符合人性的、能持续发展的、具有持续学习能力的组织。在一个已建成学习型组织的企业中，培训被视为提高人力资本的最主要、最基本的手段。作为电网公司培训机构中的培训教学管理者，有必要根据本职工作要求，学习一些培训专业基础知识、成人教育理论知识、电力行业基本知识、培训行业典型经验等相关内容，从而形成广博的见识、开阔的视野和专业化的职业能力。只有这样，才能为提升培训教学效果、提高培训项目质量和创造企业培训综合价值打下坚实的基础。

2.1 理论与业务知识

2.1.1 培训专业基础知识（适应期）

2.1.1.1 国家电网有限公司培训体系解析

1. 公司员工培训的基本类型

根据《国家电网公司教育培训管理规定》，员工培训按对象适岗状态大体分为岗前培训、岗位培训、待岗培训和职业资格培训四类。

——岗前培训包括新员工入职培训、转岗或晋级员工培训（含后备干部、后备人才培训）。

——岗位培训是覆盖全部在岗人员的、任务十分繁重且内容体系庞大复杂的一大类培训。岗位培训按员工岗位性质通常分为经营人员培训、管理人员培训、技术人员培训、技能人员培训四个类别，这是日常广泛使用的分类。岗位培训的实施形式主要有脱产培训（通常表现为集中培训办班形式）、现场培训（大多在一线基层单位班组进行）、网络培训和在岗自学四种。

——待岗培训主要是针对管理、技术岗位"两无"人员和技能岗位"三无"人员所开展的培训。

——职业资格培训主要是针对即将参加职业技能鉴定的员工开展的职业（工种）知识、技能培训。

2. 公司现行的培训体系解析

培训体系是一个庞大的系统，引用不同依据或从不同角度，可以做不同的分解和理解。国家电网有限公司及其下属各级企业在构建企业培训体系方面成效卓著。国网系统企业培训体系除了应包括上述培训概念分类界定的内容之外，大体还应包括以下三个子体系。

（1）培训组织体系。

培训管理职能机构——经过十多年探索实践而形成了培训管理职能"3+1"体系。三级归口部门：国网公司总部、省公司级单位、地市公司级单位三级归口部门（人资部），分级负责培训规划计划、培训实施过程管控和财务监管、培训工作检查考核等。一级执行单位：即地市公司所属的生产营销部门和县公司，履行本专业（本县公司）培训管理、实施及对班组现场培训的指导职责。

培训专业实施机构——国家电网有限公司成立初期，继承了原国家电力工业部时代的大部分职业教育高中等院校、成人教育高中等学校及电网企业各级单位内部培训机构。这时公司系统拥有 100 多家各式各样的培训教育专业机构（院校），大体构成四级体系：国网总部直属的高级培训机构（院校）、省公司级培训机构（院校）、地市公司级培训机构（学校）、县公司级培训（分支）机构。2014 年，随着"三集五大"体系建设，公司将原有的专业培训机构四级体系整合为三级：国网高级培训机构 3 家（党校、高培中心、技术学院）、省公司级单位培训机构（每单位 1~3 家）、地市公司培训分中心最多 1 家，县公司培训分支机构撤销。2017 年，根据国有企业深化改革有关精神，公司系统只保留两级专业培训机构：国网高级培训机构 3 家（不变）、省公司级单位培训机构（每单位最多 2 家），实现了高度扁平化。省公司级单位培训机构将负责实施本单位需要跨地市集中调训的所有级别所有类别的培训项目，为地市公司内部组织的集中培训和基层现场培训提供课堂教学和实训指导师资、教学资源开发等延伸性支撑服务。

（2）培训运行机制。

一是培训管理制度。截至 2017 年 3 月《国家电网公司培训项目质量管理办法》颁布，国家电网有限公司员工培训管理制度基本形成较为完备的体系。正式颁布的规章制度有 10 多项、政策文件 20 多项。

二是培训标准（管理标准或技术标准）。2008 年颁布施行技能类全部 34 个职业（工种）《国家电网公司生产技能人员岗位培训规范》，2016 年颁布 200 多个中类岗位（包括全部四大类岗位）岗位规范，目前正在组织岗位培训规范的统一开发。

三是培训流程。例如：培训项目管理流程、培训班流程、培训开发项目工作流程等，由国网公司总部、省公司级单位及其所属培训机构、地市公司级单位分级负责编制。

四是培训项目管理与运行。分为职工培训项目和培训开发项目两大类。职工培训项目包括各类培训班、竞赛、调考、合作培训、人才评价等项目；培训开发项目包括培训项目开发、培训教材（讲义）开发、培训课件开发、考试题库开发、培训应用软件开发、培训教材资料及小型设备购置等项目。

五是培训班管理与运行。包括办班前期工作、培训教学活动引导与保障、培训班总结与后期工作、培训教学技术支撑与后勤服务、培训学员管理、培训班资料收集和整理归档（包括录入数据库）等。

（3）培训资源体系。

一是培训管理队伍。主要包括两大部分：一是公司各级单位负责培训职能管理人员，即培训管理归口部门及基层专业部门（单位）专兼职培训管理人员；二是培训机构中从事培训市场与客户工作、培训教学事务管理、培训教学资源调度与保障、培训项目运行与协调、培训硬件资源建设与运维等工作的专业管理人员。

二是培训师资队伍。专兼职从事培训教学（授课或实训指导）、培训项目开发（策划）、培训班全程实施、培训理论应用研究与管理咨询、培训教学资源（培训课程、教材讲义、课件、考试题库、应用软件等）开发建设等工作的专业技术人员。

三是培训教学资料。用于承载培训教学内容的所有资料，包括培训规范（大纲）、教材（讲义）、课件、考试题库（试卷）、应用软件等，其表现形式有纸质印刷品、音像制品、多媒体或网络化信息化资料等。

四是培训基地。用于各种培训（实训）形式的房屋资源、专业实训场地、教学技术设备设施等。

五是信息平台。培训中运用大数据思维和"互联网+"思维，引入与 PC 端、移动端有关的培训模式和方式所需的多媒体或信息化大平台。

六是培训保障。包括资金、文化与软环境等。

国家电网有限公司现有培训体系分析图（详见图 2.1）。

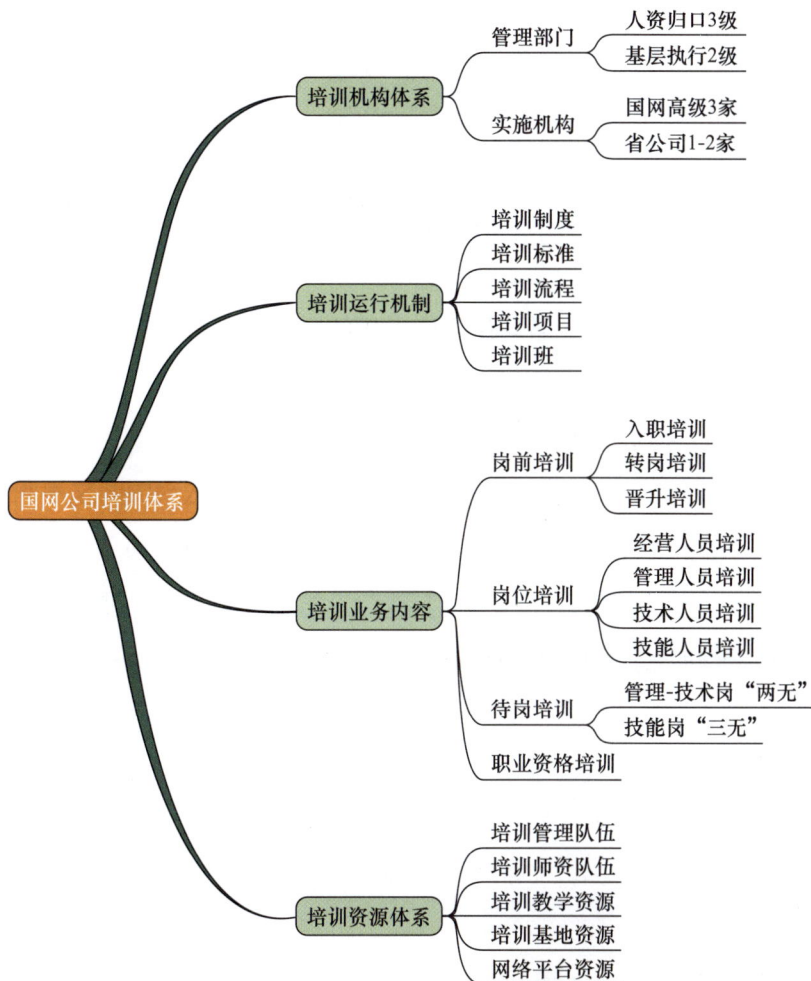

图 2.1　国家电网有限公司现有培训体系分析图

2.1.1.2　学习是怎样发生的

成人学习理论是以成人的生理心理特征、学习欲望为基础的专门指导成人培训的教育理论，是在有关成人学习特定需求的理论基础上发展起来的。成人学习理论对培训项目的设计和实施至关重要。为了进一步做好培训项目实施，特邀那子纯老师为所有培训教学管理人员做了 3 小时的《学习是怎样发生的》内训活动。

本次内训活动达到了以下教学目标：①学习发生的原理、行动学习的价值观与学习伦理；②掌握结构化听课模型；③了解妨碍学习的 12 种心智模式。

内训成果展示：

学习是怎样发生的课件

2.1.2　电力行业基本知识（适应期）

作为电网企业的培训工作者，不管其自身专业背景如何，都应当了解一定的电力行业基本知识。本次内训活动以非电专业背景的年轻员工为主要对象，聘请国网系统专业人员，开展了题为《电力行业基本知识》的内训活动。课程内容选取了培训工作者必备的电力系统有关知识，做了 2 小时的行业知识普及讲座。

本次内训活动达到了以下教学目标：①受训者对电力系统的五个环节（发、输、变、配、用）有了初步了解；②受训者对电网企业主要工种的工作方式和工作内容有了一定了解；③受训者通过图文并茂的教学课件，对电网系统有了一定的感性认识。

内训成果展示：

电力系统基础知识介绍课件

2.1.3 教学案例及开发（蜕变期）

近些年，企业培训界一直倡导培训不仅要围绕企业愿景，更要紧贴工作实际。案例教学作为一种集企业实践和管理理念于一体的培训教学方式，可促进培训起到上接战略、下接业务的作用，在企业培训教学中越来越受到重视。

1. 案例的定义

案例是围绕一定管理问题，采用文字、声像等媒介，对公司真实管理情境所做的客观描述。

2. 案例的特征

由于视角的不同，学界对案例的认知和界定各有特色。综合来看，案例至少应包括以下核心特征：

第一，案例内容必须以事实为依据，建立在客观、真实的素材之上。案例是对实践过程中的一个实际情境的描述，讲述的是一个事实产生、发展的历程，是对现象的动态性把握。案例的素材应该是真实而具体的管理事件或事例，而不是虚构而成或抽象笼统的事情。这就要求，案例与故事、小说不同，在情节上不得虚构，不能为了某种目的或效果去虚拟情境。尽管案例中企业的名称与数据有时出于保密的需要会进行适当的掩饰，根据案例需求也可能需要对原始信息进行必要的取舍与合并，但不能篡改和夸大基本事实。

第二，案例中必须包含管理问题。并不是所有的事件都可以称之为案例，只有蕴含着某些值得借鉴参考的经验教训或供人们分析研究的问题，能够揭示事物发展变化规律或引起思想共鸣的事件才可能成为案例。为培训服务的案例，应能够通过案例分析，提升学员的认知水平并培养其解决实际问题的能力。通过对管理问题发展情境的详尽描述，学员可以设身处地地进入角色、发现问题，提出和比较各种方案、措施，最后予以解决。

第三，应用于培训的案例要有明确的教学目的。案例是为传授学员特定的知识和培养学员特定的能力而设计和编写的，因此，希望通过案例使学员了解、掌握和运用哪些知识与工具，以及通过案例分析与讨论使学员掌握和提高哪些管理技能，都需在案例开发之初进行精心设计。这一点对于实现案例教学的功能和目标十分关键。

3. 案例的价值

教育培训：案例教学是一种具有启发性、互动性和实践性的教育培训方法，可使学习者在真实的管理情境中思考、决策、共享，进而达到获取知识、提升能力、更新理念的培训目的。

知识管理：案例开发是隐性知识显性化的过程，能使公司知识管理形成核心成果，实现公司内部知识的沉淀与共享。

管理创新：案例是对管理实践和管理理念的展示与升华，具有典型性和先导性，能够帮助公司在管理创新方面进行必要的知识积累和人才培养。

4. 案例分类

案例的核心，是还原管理场景，突现工作中的问题，分析产生问题的原因，展现解决问题的思路，传授解决办法。根据企业管理类培训的要求和特点，可根据案例的主要传播形式将企业案例分为典型经验案例和教学案例。

（1）典型经验案例。

典型经验案例类似于企业内部常有的经验报告，但典型经验报告着重体现的是工作亮点与成效，一定程度上忽视了管理者的想法和思路、做法和办法。典型经验案例要更多地呈现工作中的冲突、原因、思路和办法。在培训中，典型经验案例可以作为学习材料大量快速传播，也可以通过学习研讨、学员论坛等形式交流。有利于解决阶段性的工作问题。

（2）教学案例。

教学案例倾向于商学院的案例模式，对于一些具有普适性且时效性要求不高的典型经验，可以进一步深度开发用于目标学员的培训教学中。此类案例要就某一个问题或几个问题，通过一定的教学环节，实现思维的启发、能力的培养和管理方法、工具的获取。教学案例又可按照采编场景、写作方式、专业领域、篇幅进行分类。

1）按采编场景分类。

组织案例：聚焦公司宏观管理实践、反映公司综合性管理问题的案例，多由公司层面负责组织开发。

小微案例：以呈现工作中的具体管理问题为目的的短篇案例，多由员工个人提供。

2）按写作方式分类。

描述型案例：描述某一管理事件的全过程，客观呈现事件中的方案、计划、所遇困难及解决方法等。

决策型案例：在管理情况的描述中隐含一定的问题，案例学习者需将这些问题挖掘出来，探究原因，拟定对策，最后做出决策。

3）按专业领域分类。

专业型案例：专业型案例通常只涉及一个管理主题。

综合型案例：跨领域的综合型案例，通常涉及多个管理主题，在综合的基础上突出某一主题。

4）按篇幅分类。

短篇案例：2 500 字以下，适用于课堂上进行阅读讨论。

中篇案例：2 500~8 000 字，适用于课前布置，课堂教学。

长篇案例：8 000 字以上，适用于课前布置，课堂教学。

2.1.4　成人教育发展史（修炼期）

成人教育理论源远流长，从远古时代发展至今，先驱们进行了孜孜不倦的探索，给我们留下了宝贵的精神财富。现在这些理论仍然散发着理性的光芒，对企业员工教育培训实践仍不失其指导意义，依然能够给我们带来启发和帮助。

本次内训活动达到了以下教学目标：①对教育史上的若干成人教育理论、思想和实践活动进行了梳理；②介绍了史上若干教育家关于成人教育的观点和理论体系。

内训成果展示：语音口袋书

关键词：产婆术

在美丽的古希腊雅典，苏格拉底在广场、作坊、街道各个地方，抓到人就开始讲课，还不收取学费。他不停地就对方的发言提出追问，迫使他们自陷矛盾，然后帮助学生自己得到问题的答案，最终进行归纳总结升华。苏爷爷没有提供知识，他只是进行引导和启发，就好像帮一个怀胎十月的孕妇接生一样。这种教学方式被称为"产婆术"。从某种角度看来，苏格拉底可是最骨灰级的行动学习催化师了，他是十分高明的过程专家。

关键词：相对与一般

在苏格拉底所在的那个时代，有一群人被尊称为智者。智者们宣称人是万物的尺度，观念起源于感觉，而感觉因人、因时、因物而异，知识只具有相对性而不具有普遍性。而苏格拉底不满意这种怀疑论和相对主义的论调，他指出必须要探讨普遍有效的观点、结论乃至真理，他总是强调归纳、提炼、提升这些关键词，在看似纷繁复杂的表象中，抓住事物内核的本质。由智者们与苏格拉底之间引发的争论，一直吵吵闹闹了几千年，不同人会对其有不同的看法。

关键词：洞穴的比喻

柏拉图说我们都是囚徒，被捆绑在一个深深的洞穴里，不能走动也不能转头，只能朝前看着洞穴后壁。我们只能看见光线投射在洞穴后壁上的影子，而把这些影子当作真实的东西。假如有一个人被解除了绳索，被迫突然站起来，可以回头看，他却以为他现在看到的是梦幻，最初看见的影子才是真实的。有人把这个人从洞穴中带出来，走到阳光下面，他会觉得刺眼。只有慢慢习惯了，才能完全适应直面阳光。这个比喻告诉我们追求真理是需要有一定过程的。

关键词：斯巴达

在古希腊雅典山的那边海的那边，住着的不是一群蓝精灵，而是斯巴达人。婴儿出生后，由长老进行体检，健康的留下来抚养，孱弱的或残疾的扔至荒野。7岁后，儿童们进入国家教育机构，开始军营生活。他们头蓄短发，光着脚和几乎不穿衣服。他们只能睡在草垫上，这种草垫是他们徒手折来芦苇编制起来的，用刀割芦苇是不允许的。由于经常吃不饱，儿童常常被唆使去偷盗，如被发觉，又会受到鞭打，等等。这种教育方式非常不人道，但是后来斯巴达竟然战胜了富强民主自由的雅典。

关键词：雄辩家

说完古希腊，今天说说古罗马。古罗马以雄辩家教育著称。雄辩家有点像最佳辩手、演说家或者口才好的人。一个名副其实的雄辩家，必须具备三个特点：一、有广博的学识，博采众长；二、要精通修辞学，要表达准确、通俗易懂、优美生动、语言和主题相称；三、要有优美的举止和文雅的风度。古罗马人认为练习是非常重要的雄辩家培养方法，其中主要的练习是写作，写完再进行演说。我们的口才都需要不断提升，要向罗马人学习。

关键词：劳逸结合

古罗马教育家昆体良提出让学生休息，防止过度疲劳。他说，应该让学生们有些休息时间，这不仅仅是因为没有什么东西能经受持久的劳累，更因为专心致志的学习有赖于学生的意愿，而意愿是不能通过强制得到的；如果学生的精力和精神因休息而得到恢复，他就能以更旺盛的力量和更清晰的头脑进行学习。他还指出，游戏是一种很好的休息方式，游戏可以让因学习而疲劳的脑子得到积极的休息。同时他也指出，休息也要有个限度，不然容易形成懒惰的坏习惯。

关键词：夸美纽斯

17 世纪，即中国的明末清初时期。在捷克有一位大教育家，他的名字叫作夸美纽斯。夸美纽斯一生挺坎坷的，12 岁失去父母，人至中年在流行的瘟疫中失去妻子和儿女，他是在苦难中从事教育研究。他从事"泛智"研究，即"把一切事物教给一切人"，培养百科全书式的人。他写的《大教学论》，是独立形态教育学的开端。他写的《世界图解》是最早的儿童看图识字的读本之一。

关键词：教育规律

夸美纽斯认为，在宇宙万物和人的活动中存在着一种"秩序"，即普遍规律，这种"秩序"保证了宇宙万物的和谐发展。因此，人的各种活动包括教育活动都应该遵守这些自然的、普遍的"秩序"或者规律。上述就是夸美纽斯所呼吁的教育适应自然的原则。为什么要聊这一点呢？一是在人类教育思想发展进程中，早期教育理论比较受神学思想的束缚，包括古希腊、古罗马思想家的论述，夸美纽斯实际上解放了思想。二是勉励我们一起来学习已知的规律，探索未知的规律。

关键词：五大教学原则

夸美纽斯提出了五大教学原则：其一，直观性原则，他认为知识都是从感官的感知开始。假如有一件东西能够同时在几个感官上面留下印象，比如，视觉、听觉、味觉、嗅觉、触觉，它就应该呈现在几种感官之前。其二，激发学生求知欲望原则，兴趣才是最好的老师。其三，巩固性原则，先要理解，再反复复习练习，最好把自己掌握的知识教给别人，就能很好地巩固。其四，量力性原则，教学不可使学生负担过重。其五，系统性和循序渐进原则，使学生建立起知识之间的联系。

关键词：教育学的基础

德国教育家赫尔巴特，是现代教育学之父。他说：教育学作为一门科学，是以伦理学和心理学为基础的。伦理学主要起着价值规范的作用，即为教育目的和基本方向的确立提供依据，而心理学则为实现教育目的确定方法、手段。观念是人的心理互动的基本要素，观念之间不同方式的结合，则产生了认识、情感和意志。"统觉"，是一种自发的活动，它主要依赖于心灵中已有内容的影响。通过统觉，人们理解、记忆和思考相互联合的观念，从而形成高级思维活动。

关键词：教学五步法

美国教育家杜威（1859—1952年），生前曾来过中国，是中国著名教育家陶行知的师傅。他提出教学过程也相应地分成五个步骤：一是教师给学习者提供一个与已有经验相联系的情境；二是使学习者有准备去应付在情境中产生的问题；三是使学习者产生对解决问题的思考和假设；四是学习者自己对解决问题的假设加以整理和排列；五是学习者通过应用来检验这些假设。这种教学过程在教育史上一般被称为"教学五步法"。

关键词：经验的改造

杜威指出教育即经验的改造。在西方哲学发展史中，理性高高在上，而经验意味着混乱、庞杂、孤立、没有确定说法。但杜威认为理性不是凌驾于经验之上，而是寓于经验之中，并在经验中不断修正，经验的过程就是一个实验的过程、运用智慧的过程、理性的过程。他进一步指出学习者应该从经验中学、从做中学（learning by doing）。"教育即经验的改造"中的"经验"不仅仅是知识的积累，更是构成人神行的各种因素的全面改造、全面发展、全面生长。

关键词：设计教学法

设计教学法最早由美国教育家杜威首创，后经其学生克伯屈改进并大力推广，克伯屈在 1918 年详细地论述了设计教学法的理论基础和实施步骤。设计教学法，也叫单元教学法，目的在于设想、创设一种问题的情景，让学生自己去计划去执行解决问题。设计教学法要求废除传统的班级授课制，摒弃教科书，不受学科限制，由学习者根据自己的兴趣决定学习内容，在自己设计、自己负责的单元活动中获得有关知识和解决实际问题的能力，一边思考，一面执行，既用脑，也用手。

关键词：伯特兰·罗素

英国的教育家罗素，强调在教学中培养"智力美德"，包括好奇心、虚心、信心、耐心、专心、勤奋和一丝不苟。作为新教育的代表人，罗素认为教育的动力应该在于学生的求知欲，而不是教师的威严。他主张学生将一切问题都看成是悬而未决的，主动和独立的学习能使学生获得发现的机会。他也指出无论人们如何渴望了解一门学科，其中某些部分肯定是枯燥乏味的。教师必须向学生讲明枯燥部分的重要性，培养学生发现真理的强烈愿望和科学精神。

关键词：多元智能

传统的智力理论认为人类的认知是一元的，个体的智能是单一的、可量化的，而美国教育家、心理学家霍华德·加德纳在 1983 年出版的《智力的结构》一书中提出："智力是在某种社会或文化环境的价值标准下，个体用以解决自己遇到的真正的难题或生产及创造出有效产品所需要的能力"。每个人都至少具备语言智力、逻辑数学智力、音乐智力、空间智力、身体运动智力、人际关系智力和内省智力，后来，加德纳又添加了自然智力。

2.2　培训行业典型经验

2.2.1　国有企业培训优秀实践（蜕变期）

中国浦东干部学院

中国浦东干部学院是中央直属事业单位，由中央组织部直接管理，中共上海市委协助管理。学院认真贯彻落实党的十六大、十七大、十八大、十九大以来中央和中央领导同志对学院建设和发展的一系列重要指示精神，牢牢把握党校姓党的政治方向，坚决维护以习近平同志为核心的党中央的权威，在思想上、政治上、行动上同党中央保持高度一致。学院培训对象包括中高级党政领导干部、企事业单位高层管理人员、高级专业技术骨干及驻外使节、军队干部等各类领导人才。同时，承接国内外有关政府、政党、企业和社会团体委托的培训项目。

1.　功能定位

学院围绕党和国家工作大局，按照实事求是、与时俱进、艰苦奋斗、执政为民的办学要求，凸显政治性、时代性、开放性、实践性、国际性特色定位，依托上海及长三角地区优质教学资源，形成了忠诚教育、能力培养、行为训练的教学布局，与其他同类院校错位发展，走出了一条具有自身鲜明特点的办学新路，为落实大规模培训干部、大幅度提高干部素质的战略任务发挥了主阵地和主渠道的重要作用。

2. 办学特色

学院办学坚持改革创新，将党的理论教育和党性教育与领导干部专业化能力培训有机结合，不断增强培训的针对性和实效性，努力成为中国干部教育改革创新的探索者和先行者。

（1）特色课程体系。学院课程设置分"忠诚教育、能力培养、行为训练"三大板块进行。整合了全国优秀教学资源特别是长江三角洲的优质教学资源形成特色专业，对国内加强各级各类干部最新执政能力的培训，对外大力开展国际合作培训。重点围绕深化改革开放、城镇化与城市现代化、金融改革与现代企业管理、区域协调发展等特色专题开设相关课程。

（2）特色师资队伍。实行"专兼结合、以兼为主"。在兼职教师队伍建设上，聘请具有丰富实践经验和深厚学术修养的领导、专家为兼职教授，请政策的制定者、政策的解释者、政策的执行者走上讲台，把现场变课堂，把实践者变教师，让实践者教实践者。学院现已形成 600 余名相对稳定、不断优化的兼职教师队伍，主体班次近 90% 的课程由兼职教师担任。在专职教师队伍建设上，以"名师培育工程"为抓手，以"双师型"为导向，要求教师既是懂干部培训需求、了解干部教育培训规律的培训策划师或设计师，还是有较高学术水平的专业教师。

（3）特色教学方法。综合运用课堂讲授、现场教学、实验性教学、案例教学和研究式教学，构建多元一体、集成创新的教学模式。学院运用结构化研讨、论坛式教学、辩论式教学等教学方法，激发学员学习的积极性、主动性，实现教师与学员、学员与学员、学员与专家之间的互动交流。学院已开发 500 多门现场教学课程，形成了长三角地区的一个分院（昆山）、两个基地（南通、杭州）、十个示范点（苏州太仓、苏州工业园区、苏州吴江区、苏州常熟蒋巷村、无锡江阴、无锡宜兴、湖州安吉、湖州长兴、常州溧阳、浙江嘉兴），以及上海市三类场馆、十六个主题、四十余家合作点为支撑的现场教学网络体系。学院加强对长三角地区及全国范围典型案例的研究，开发了 110 多个案例课程，及时把鲜活的案例转化为教学内容。学院先后建成媒体应对、危机管理、金融创新、智慧城市、党性教育和心理调适等 6 个实验教室，孵化开发了一系列实验性课程，成为教学创新的一大亮点。学院积极推进"互联网＋"干部教育培训，采用"分院、基地、示范点"的战略合作模式，形成了青海海东等 20 多个网络培训合作点，建设各方参与、地方加盟的干部网络培训大平台。学院还自主开发了"学在中浦院"移动应用系统，利用互联网改进教学培训。

中国大连高级经理学院

中国大连高级经理学院是经中共中央批准成立的国家级干部教育培训基地。学院是落实国家"三支队伍一起抓"人才强国战略的重要载体之一，与中共中央党校（国家行政学院）、中国浦东干部学院、中国井冈山干部学院、中国延安干部学院共同构成"一校五院"国家级干部教育培训体系。学院为国务院国有资产监督管理委员会所属事业单位，主要承担国有骨干企业和金融机构的领导人员、后备领导人员和战略后备人员，以及全国企业培训基地的领导人员和骨干教师的培训任务，并承接党和政府机构、企业和社会团体委托的培训项目。

1. 功能定位

学院功能定位是建成一流的中国企业高级经营管理人员的培训基地，一流的国资监管、国有企业发展道路和国有企业人才成长研究中心，一流的中国企业家国际培训合作平台。

学院使命："为商界领袖加油、助中国经济腾飞"的使命

办学特色：围绕大局、贴近实践、服务企业、提升能力

学院精神：忠诚、团结、务实、创业

办院方针：质量立院、特色强院、人才兴院、责任荣院

核心价值观：成就学员、超越自我

2. 培训方式

（1）高端论坛。高端论坛以中央的重大部署和企业改革与发展中的重点、难点问题为主题，围绕现代企业经营管理以及企业自主创新急需的相关内容开展培训。高端论坛主要邀请中央各部委领导、国内外高级专家学者权威讲解党的路线方针政策和国家重大战略部署、解析世界经济政治环境与发展趋势，介绍企业高层经营管理人员需要的新理念、新知识与新技能等，重点培养企业高级经营管理人员的大局

观、综合素质和领导能力。

（2）总裁互动。学院邀请国内外不同行业背景的著名企业家走进教育培训的课堂，与学员进行互动。总裁互动旨在促进学员进行较为深入的思想交流和经验分享，他山之石可以攻玉，激发学员开拓思路，提高解决实际问题的能力和水平。

（3）案例研讨。案例教学是经营管理教育培训的一种行之有效的方法。中国大连高级经理学院依托大连理工大学管理学院已经积累了 20 余年的案例库和案例教学经验，积极开发采编适应培训主题要求和体现时代特色的新案例。采用案例教学的目的，是要把课堂上的学员置身于"案例事件"的情景之中，使其成为案例事件中的一个主体，模拟思考分析迫切而重要的决策问题。通过学员与学员、学员与教师的多向研讨与互动，不断提升学员甄别问题、分析问题、解决问题的综合能力。

（4）现场教学。学院根据培训主题的要求选择现场教学基地。开展现场教学的目的是为了把最鲜活和具有典型意义企业经营管理实践引入到教育培训内容中来。通过事前主讲教师与现场教学基地企业的深入沟通提炼现场教学的内容；通过现场教学基地企业领导人的讲解把学员拉近到企业实践中来；通过学员与企业领导人的互动研讨，既提高学员的学习效果，也可以为企业提供有益的咨询建议。现场教学，走出课堂，走向现场，开眼界、增知识，是经营管理培训中经常使用的有效方法。

（5）实战模拟。实战模拟是近些年逐渐发展起来的一种新的培训方式。它的基本思路是把现实的商业竞争环境（如企业实力、市场状况、竞争环境等）通过一定的手段（如计算机模拟、沙盘推演等）引入到教育培训中来，通过团队内部合作、团队之间竞争来达到把理论知识与实战相融合的目的。实战模拟授课方式独特新颖、学员参与度深，正在逐渐被广泛采用。

华为大学

华为大学是中国企业的黄埔军校，为了把华为打造成一个学习型组织，华为进行了各方面的努力，2005 年正式注册了华为大学，为华为员工及客户提供众多培训课程，包括新员工文化培训、上岗培训和针对客户的培训等。

华为是全球领先的下一代电信网络解决方案供应商，华为致力于向客户提供创新的满足其需求的产品、服务和解决方案，为客户创造长期的价值和潜在的增长。

华为的营销及服务网络遍及全球，为客户提供快速、优质的服务。目前华为的产品和解决方案已应用于 28 个全球前 50 强的运营商，服务全球超过 10 亿用户。

坐落在中国美丽深圳的华为大学是一个系列建筑群，总占地面积 27.5 万平方米，分为教学区和生活住宿区，教学区占地面积 15.5 万平方米。建筑面积超过 9 万平方米，绿化覆盖率超过百分之八十五；拥有近九千多平方米的机房、一百多间教室、五百多个办公座位，能同时容纳两千多名客户和员工进行培训；华为大学百草园生活区拥有三星级酒店、西餐厅、咖啡厅、网吧、祈祷室、超市、健身房、游泳池、美容中心等各种休闲健身场所，配套服务，设施齐全，能充分满足不同国度、不同宗教信仰的学员学习和生活需要。华为大学是华为发展战略的重要组成部分，它不仅是企业内部人才培养体系的重要一环，还超越这一职能成为企业变革的推手以及外部企业（包括顾客、供应商、合作伙伴等）培训和咨询服务不可缺少的支柱。

愿景和使命

将军的摇篮　融汇东西方智慧与华为实践，助推企业全球化发展。

培训理念

企业与人才发展助推器
　　领导者发展领导者
　　实时、实战、实用，从实践中来，到实践中去
　　绩效 – 结果导向
　　向艰苦地区和一线倾斜

培训定位

依托于华为技术雄厚的技术实力，引领培训业务的潮头浪尖，是推动企业经营战略迈向成功的有效途径。
　　培养新型技术人才和国际化管理人才
　　培训对象为客户和华为公司内部员工

组织架构

运作模式

师资队伍建设

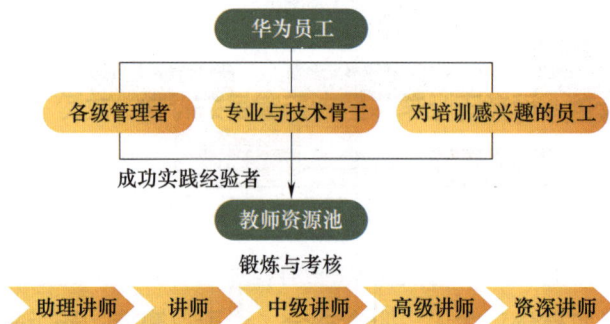

```
                    华为员工
        ┌──────────────┼──────────────┐
   各级管理者      专业与技术骨干    对培训感兴趣的员工
        │
  成功实践经验者          │
                    教师资源池
                   锻炼与考核
```

助理讲师 ▶ 讲师 ▶ 中级讲师 ▶ 高级讲师 ▶ 资深讲师

灵活多样的培训方式

E-LEARNING

面对面
- 讲授与指导
- 案例研讨
- 角色扮演
- 团队学习

人人交互
- 虚拟教室
- 网上答疑
- 电视会议

人机交互
- 资料下载
- 网上考试
- 多媒体

日常学习
- 工作实践
- 读书
- 互联网
- 导师与榜样
- 沟通交流
- 参加会议
- 考评与认证

电子化绩效支持系统（EPSS）

学习管理平台/LMS
公司知识经验的积累

员工培训 IT 支持系统

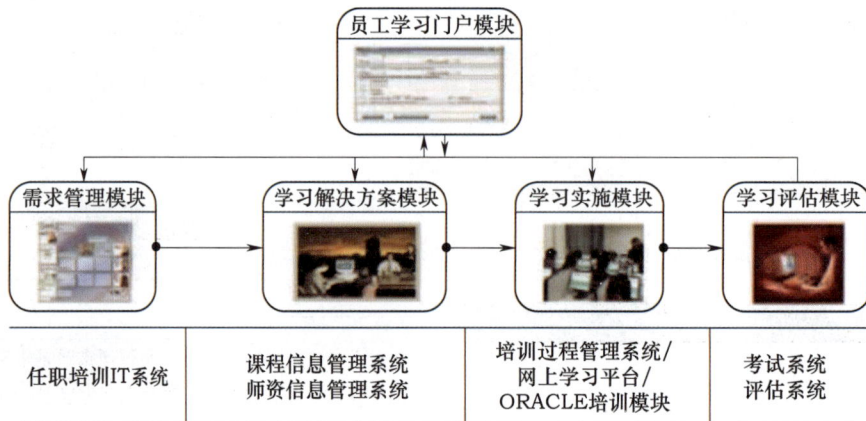

员工学习门户模块

需求管理模块	学习解决方案模块	学习实施模块	学习评估模块
任职培训IT系统	课程信息管理系统 师资信息管理系统	培训过程管理系统/ 网上学习平台/ ORACLE培训模块	考试系统 评估系统

公司的各种培训

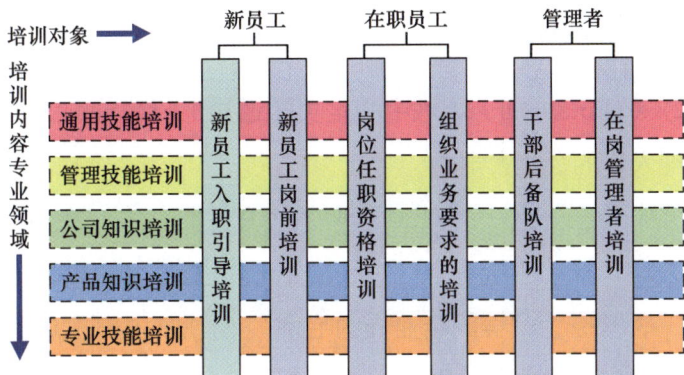

培训制度

为了帮助新员工尽快适应公司文化，华为大学对新员工的培训涵盖了企业文化、产品知识、营销技巧以及产品开发标准等多个方面。针对不同的工作岗位和工作性质，培训时间从一个月到六个月不等。

华为还拥有完善的在职培训计划，它包括管理和技术两方面。不同的职业资格、级别及员工类别会有不同培训计划，为每个员工的事业发展提供有力的帮助。

除了为员工提供了多种培训资源，帮助其进行自我提高外，华为大学还设有能力与资格鉴定体系，对员工的技术和能力进行鉴定。

导师制度

华为建立了一套有效的导师制度，帮助新员工尽快适应华为。部门领导为每一位新员工指派一位资深员工为其导师，为其答疑解惑，在工作生活等方面进行帮助和指导，包括对公司周围居住环境的介绍，及帮助他们克服刚接手工作时可能出现的困难等。

在新员工成为正式员工的三个月里，导师要对新员工的绩效负责，新员工的绩效也会影响到导师本人的工作绩效。

除了针对新员工所开展的导师制度外，在每个部门，我们都配有一支资深的教授专家团队，为员工提供顾问支持；团队成员大多为来自各所名牌大学的教授，以及一些研发中心退休的老专家。他们将在员工在工作或生活中遇到问题时，利用自己丰富的工作和生活经验，向员工提出富有成效的建议，以及接受进一步的咨询。

克劳顿维尔培训中心

克劳顿维尔（Crote nvill）培训中心是美国通用电气公司的人才培训基地，也是公司培养管理人才的企业大学。

全球 500 强中约三分之一的 CEO 都曾在 GE 供职，他们将 GE 先进的管理经验带到了其他公司，推动着所有全球 500 强公司的进步，GE 堪称一个名副其实的"人才制造工厂"，被誉为"美国企业界的哈佛"。正是 GE 制度化而又不停革新的培训管理体系使 GE 像一个自动化、流水线式孵化高级人才的工厂。GE 每年用在员工培训上的费用达 10 亿美元，领导人大部分时间用来教导、发展、评估和提拔出色的人才，堪称业界最为严谨的人才发展流程。

1. 基本情况

克劳顿维尔培训中心就是著名的"克劳顿村"，在业界也被称为克劳顿维尔管理学院。

克劳顿维尔培训中心始建于 1956 年，坐落于纽约市北郊奥斯宁市附近的克劳顿维尔镇上，占地 30 英亩。小镇依山傍水，到纽约市交通方便，仅一个半小时的车程。培训中心建筑风格古朴、典雅，大多是低层建筑。但内部结构和设施，历经改建和整修，十分现代化。她就像一所大学一样，除上课用的大小教室、报告厅、电影放映室、多媒体教室、图书资料室、计算机信息中心外，学员生活设施也应有尽有，如娱乐中心、健身房和网球场等。

2. 功能和作用

（1）新的管理理念的诞生地。杰克·韦尔奇先生经常到培训中心讲课，跟中心学员们探讨一些企业改革和管理实践中的问题。GE 公司一直是走在企业管理理论与实践的前沿，80 年代 GE 推出了"无边界（no boundary）管理""群策群力（collective drive）"等思想。著名的"六西格玛"质量管理理念就是韦尔奇先生在培训中心首次提出的。

（2）公司高级管理人才的培训基地。该培训中心是安排和对公司各级管理人员进行培训的场所。根据公司的业务发展和改革的需要，在公司人力资源开发部门的规划下，这里常年举办各种管理人员培训班。到这里来参加培训的以 GE 公司中高级管理人员为主，绝大部分都是短期、非学历培训，主要是对公司中高层管理人员进行充电，培训时间少则 1~2 天，多则 2~3 个月。应邀到培训中心授课除本公司一部分专家外，大都是来自欧美名牌大学的教授，如美国哈佛、MIT、英国牛津、瑞士洛桑国际管理学院等。为了提高该培训中心知名度，20 世纪末，GE 公司干脆把加州大学管理学院院长招聘为该培训中心主任。在 GE 公司，不论在哪个企业、哪个职能部门、哪个研究机构工作，如果安排到该中心接受培训，则被视为一种很高的奖励和荣誉，也是对个人工作成绩的首肯。因此，他们非常珍惜来这里参加培训的机会，而且大部分人经过培训之后，要么调换了工作岗位，要么晋升了职务。

（3）思想、信息的交流中心。GE 公司是一家拥有百年历史的老企业。经营业务很广，大到飞机发动机、大型电站设备，小到照明灯泡、电冰箱等家用电器。经营地域遍布世界几十个国家，全球拥有 20 多万名职工，是一个典型的跨行业、跨地域、跨文化的国际跨国公司。要使这样的一个公司形成统一企业文化，拥有大家认同的经营战略，是一件十分不易的事情，公司的决策层，很看重公司拥有的这家培训中心在统一全公司思想方面所能发挥的作用。他们每年至少要在这儿召开 1~2 次全公司各个部门主要负责人的会议，讨论公司的经营计划，研究公司当前经营活动中出现的重大问题，部署公司工作规划，既是工作会议，又是研究新问题，寻求新思路的集思广益研讨会，也是来自公司各个经营、生产部门和企业的巨头们的信息交流碰头会。会议期间，公司决策层的高级领导与公司管理层中高级管理者坐在一起，面对面地商讨公司的重大方针政策。这对大家互通信息、统一认识、统一行动起到了重要作用。

（4）国际培训交流中心。GE 公司的客户遍及全世界——包括中国购买的很大一部分民航飞机发动机都是他们生产的。因此，每年这里都举办多期国际用户培训班。同时，为了宣传 GE 文化，加强与外国同行交流和合作，公司还接待来自欧洲、拉美、亚洲等国家和地区的客户和专家到这里参加国际管理培训班，在培训过程中广交朋友。GE 公司不少国际合作业务往往就是先从人员交流和培训做起的。据介绍，20 世纪末，来自原计划经济的国家，如俄罗斯、中国及东欧国家都曾派出考察团、培训班到 GE 公司参观、考察和培训，培训班的学员大都被安排在 Cortenvill 培训中心接受培训。这既是为了传播宣传 GE 公司的管理经验，同时也是 GE 了解和学习世界其他国家管理的长处，为公司明天在世界上大发展打下基础。

3. 管理模式

内部市场化。培训中心主要面向公司内部员工，服务于公司的中高层管理者。对于 GE 来说该培训中心是非盈利的，但又不是完全亏损的，GE 内部实现了完全市场化，由各业务部门经理掌握培训经费，根据实际培训额度支付给培训发展中心。培训中心个人收入与培训费用不挂钩，由总部统一核发。这与惠普商学院和摩托罗拉学院不太一样，惠普商学院服务于整个社会，摩托罗拉学院则服务于整个产业链。

（1）项目管理制。每一个培训项目课程，由一个全职的项目经理来负责老师的配置和授课，学院下设"领导力发展中心"，主要担任领导力培养项目的研发。项目经理自己讲授该课程，或由其他讲师来讲，或请兼职讲师来讲授课程的一部分内容。高级领导力课程几乎一半以上都由公司领导讲授，杰克·韦尔奇也曾带头亲自授课。

（2）培训讲求实战。每一门课程都是以行动为导向，带着问题来参加学习，学完之后带着行动计划回去，同时强调案例，强调 GE 的实际经验和最佳做法。20世纪 80 年代，克劳顿村在吉姆·鲍曼的领导下，它的使命被清晰地定义为：拓展 GE 的全球竞争力，作为一个文化变革的手段，改进 GE 业务集团的悟性、领导和组织有效性。在这段时间，GE 越来越多的活案例被搬进克劳顿村的课程。为了建设团队，一批批的人被派往外地参观访问。人们发现，在克劳顿村的讲台上，许多 CEO 和执行官们亲自执教。克劳顿村经过研究后发现，70% 的领导能力提升取决于挑战性的工作任务，20% 取决于导师一对一的言传身教，只有 10% 来自课堂学习。传统的课堂学习对领导能力提升无太大帮助，为了发展变革型领导人，必须依靠工作锻炼的方法。所以克劳顿学院中培训学习以行动学习为主。

（3）课程体系体现企业特色。克劳顿学院的课程主要分为三大类别：专业知识类培训、职业生涯发展阶段培训、推广公司举措的培训。克劳顿学院的亮点和特色是跨专业、跨领域的培训内容，如领导能力培训。而相对来说，专业类的培训则大多由各业务部门或下属公司自己的内部专业讲师来授课。

（4）讲师队伍以内部讲师为主。克劳顿维尔管理学院的授课教师中大约 85% 都是 GE 的高层管理者。这也是 GE 的一大特色。讲师可以是 GE 内部的员工，也可以是外部的讲师。不论哪一种讲师，都需要通过严格的课程讲师认证程序。GE 要求讲师对 GE 和 GE 的文化有足够的了解，以确保领导力课程的讨论与 GE 的环境高度相关。讲师的工作质量取决于对新课程的开发能力和对已有课程进行更新改进的能力。为避免课程的重复和师资的闲置，GE 允许讲师在全球范围内流动。

2.2.2　学习设计师理论之六度模型（修炼期）

学习设计师是基于企业战略和业务发展需要，设计学习内容，匹配学习方式，构建学习资源，运营学习项目，促进学习转化，营销学习价值的企业培训专业人士。国网高培中心教学培训处三位员工外出培训学习后，将所学内容制作成交流分享课件，面向全处从事培训教学管理的人员，开展了题为《学习设计师理论之六度模型》的内训活动。内训课程内容主要包括学习设计师理论之六度模型——关联度、匹配度、参与度、实践度、感知度，做了 8 课时的分享。

本次内训活动达到了以下教学目标：帮助受训者掌握学习设计系统方法论，形成一套从需求到落地的完整工具，推动学习项目的高效运营，连接广泛的学习生态资源，迈入最具价值的职业通道。

内训成果展示：

学习设计师理论之六度模型课件

推荐书籍：

《雇员培训与开发（第六版）》作者：雷蒙德·诺伊。中国人民大学出版社。

《ASTD 培训经理指南》，作者：伊莱恩·碧柯。江苏人民出版社。

《隐藏的教练 提问的道与术》，作者：那子纯。石油工业出版社。

《培训进化论》，作者：张立志。企业管理出版社。

第 3 章

业务能力

业务能力是培训教学管理者顺利开展各项工作的基石。本章紧密结合培训管理实践，对培训教学管理者的组织能力、引导能力、促动能力和案例教学等四大业务能力的具体内容及其提升路径进行了总结和提炼，全方位助力培训教学管理者更好地胜任岗位。

3.1　组织能力

3.1.1　组织班会和班委会（适应期）

3.1.1.1　组织班会

班会是一个培训班的起始环节，是班主任开展培训班管理的第一项重要工作。开好班会是为了让全体学员明确培训班教学安排、培训课程学习任务和培训过程中的各项要求，以确保全程教学活动的有序有效开展。班会一般安排专门时间（约0.5小时）召开，有时也可根据情况适当简化内容、压缩时间。

针对班主任工作经验不足的年轻员工，我们专门开展了《组织班会》内训活动，旨在使受训者全面掌握召开班会的各项工作要领及注意事项，尽快熟悉和适应培训班起始环节的班级管理工作。本次内训活动用时1.5天，活动过程中主要采用小组演练和组间互评的教学方式。

内训成果展示：课程教案（含班会准备和召开注意事项）

课 程 教 案

（1）课程描述：

教学对象	重点是经验不足的培训教学管理者	课程名称	组织班会
教学方式	小组演练、组间互评	教学时长	1.5天
教学目标	本次活动，通过对县供电班会的实战演练，让参训人员可以了解班会介绍的注意事项及要点，帮助其更好地开班会。		

续表

教学内容	（1）演练内容： 由于县供电企业的班会涵盖的内容较全面，所以选择此班会为演练内容。县供班会包括 4 块内容，分别为项目基本情况、职责分工、教学安排、具体要求。 （2）演练方式： 1）小组内成员间实战演练、点评。 2）小组间的互动点评、打分。 （3）打分规则： 10 分制：5 分为对内容的表达是否清晰，3 分为语音语调，2 分为仪态仪表。 打分精度：小数点后 1 位。 （4）注意事项： 每组有基础分 6 个点贴，每一轮分组演练后如未能按时回到比拼教室，扣 2 个点贴。
教学准备	（1）教室摆放：小组讨论式。 （2）分组：5 组，每组 4 人。 （3）每组需白板、白板笔（红色、蓝色、黑色）、大白纸、红色点贴、无线话筒、音响设备等。

（2）教学过程：

步骤	教学活动	时间分配
游戏活动	先做一个小游戏，让大家清醒一下，并用游戏选组长、分组。	15 分钟
引入	介绍演练内容、演练方式、打分规则。	15 分钟
第一轮 演练比拼	组内演练点评（每组在不同教室进行演练）： （1）每人在组内进行 1 次实战训练（需站在讲台上），其他成员进行点评。 （2）点评人员至少提 1 条改进意见，演练人员要在白板纸上记录每条点评意见。	90 分钟
	组间比拼上半场第 1 组，第 2 组。 （1）每组抽签决定上台比拼的人员。 （2）其他组打分，并进行点评，抽签决定代表，对所打分数进行说明。	60 分钟
	组间比拼下半场第 3 组、第 4 组、第 5 组。 （1）每组抽签决定上台比拼的人员。 （2）其他组打分，并进行点评，对所打分数进行说明。 （3）主持人记分，优胜队得到 5 个红色点贴。	90 分钟
第二轮 演练比拼	组内演练点评（每组在不同教室进行演练）： （1）每人在组内进行 1 次实战训练（需站在讲台上），其他成员进行点评。 （2）点评人员至少提 1 条改进意见，演练人员要在白板纸上记录每条点评意见。	90 分钟
	组间比拼 （1）每组抽签决定上台比拼的人员。 （2）其他组打分，并进行点评，对所打分数进行说明。 （3）主持人记分，优胜队得到 10 个红色点贴。	2 小时 15 分
优胜队 评比	通过 2 轮比拼，得红色点贴最多的组为优胜组，有神秘奖励。	10 分钟
总结讨论	通过此次演练，分组讨论开好班会的注意事项及要点。	30 分钟

班会准备和召开注意事项

（1）前期准备要求及注意事项：

1）内容准备充分完备，内容熟记，具体的内容要进行查缺补漏。

2）每次开班会前至少练习三次。

3）班会准备完成后进行试讲评比，请同事提出意见和建议，每个人选出自己最满意的班会录像，进行集体打分。

（2）仪容仪表注意事项：

1）穿着得体大方。

2）面带微笑，自信亲切。

3）抬头挺胸，以开放性的姿态面向学员。

4）班会过程中要与学员有眼神交流，不时移步，不宜一直站在一处。

（3）语音语调注意事项：

1）语言要求准确、精炼、表述清晰。

2）语速平稳，语调要有变化，重点内容要重点强调。

3）避免口头禅。

（4）班会实施过程中的注意事项：

1）班会内容要涵盖全面，重点内容重点突出。

2）进行适当互动，让学员提出疑问，答疑解惑。

3）重点内容讲解完后，询问学员是否有疑问。

（5）班会具体内容注意事项：

1）班会内容要涵盖培训班介绍、课程设置、班委介绍、教学活动介绍、纪律要求、共产党员服务队等内容。

2）班会每个模块的内容在讲解过程中要自然过渡。

3）重点内容：纪律、安全等问题要强调清楚，不可表述错误。

4）发挥微信平台作用，学员的疑问可在微信群中进行解答。

5）对于作业多的班级，在班会前将作业要求（纸质版）发给学员，在班会中进行详细说明。

3.1.1.2 组织班委会

为加强培训班班级管理，圆满完成培训班各项任务，培训期间各班应成立班委会。为保证班委会能够有效开展工作，班主任应安排专门时间（约 0.5 小时）开好首次班委会，内容可根据培训班的特点进行调整。

针对班主任工作经验不足的年轻员工，我们专门开展了《组织班委会》内训活动，旨在使受训者全面掌握召开班委会的要领及注意事项。本次内训活动用时 1 天，活动过程中主要采用小组演练和组间互评的教学方式。

内训成果展示：课程教案（含班委会准备和召开注意事项）

课 程 教 案

（1）课程描述：

教学对象	培训教学管理者	课程名称	如何组织班委会
教学方式	分组演练、组内互评	教学时长	1 天
教学目标	通过实战演练，让参训人员了解召开班委会的主要内容及掌握召开班委会的注意事项及要点。		
教学内容	（1）演练内容： 由于青干班教学活动多，班委会涵盖内容较全面，所以选择其作为演练内容。 按照提供的培训班资料（培训方案、教学安排、班委职责）准备班委会。 如：强调班级重要性；调整心态，实现三个转变；介绍职责分工；班级文化建设；教学活动和班级活动计划；班级宣传工作；强调培训纪律等。 （2）演练方式： 1）组内成员间实战演练、点评。 2）组间互动点评、打分。 （3）打分规则： 1）10 分制：6 分为对内容的表达是否全面、清晰，2 分语音语调，2 分仪态仪表。 2）打分精度：小数点后 1 位。 （4）注意事项： 1）组内每人都要演练和点评。 2）两轮参加比拼的人员不能相同。		
教学准备	（1）教室摆放：小组讨论式。 （2）分组：3 组，每组 4 人。 （3）每组需白板、白板笔（红色、蓝色、黑色）、大白纸、无线话筒、音响设备等。		

（2）教学过程：

步骤	教学活动	时间分配
引入	介绍演练内容、演练方式、打分规则。	10分钟
分组	原则：由于有些班主任没有组织过班委会，为了达到互帮互助、共同提高的目的，按照入职年限（年限相同的按生日月份大小）依次报数进行分组。 各组推选出组长。	3分钟
第一轮演练比拼	组内演练点评（组长组织，每组在不同教室演练）： （1）每人在组内进行1次实战训练，其他成员进行点评。 （2）利用团队列名的方法，轮流提改进意见，直到穷尽。演练人员要记录每条改进意见。 研讨规则： 一发言：每人都要发言，但每次只能一人发言。 两追求：追求数量、追求创意。 三不许：不许质疑、不许批评、不许打断。 视不同意见为学习机会。	90分钟
	组间比拼 （1）每组抽签决定上台比拼的人员。 （2）组内讨论打分，并将每个建议都写在一个便签上，陈述每条建议并张贴在大白板上。 （3）主持人记分，按得分高低依次可以得到3/2/1个红色点贴。	60分钟
第二轮演练比拼	组内演练点评（组长组织，每组在不同教室演练）： （1）每人在组内进行1次实战训练，其他成员进行点评。 （2）利用团队列名的方法，轮流提改进意见，直到穷尽。演练人员要记录每条改进意见。 研讨规则： 一发言：每人都要发言，但每次只能一人发言。 两追求：追求数量、追求创意。 三不许：不许质疑、不许批评、不许打断。 视不同意见为学习机会。	90分钟
	组间比拼 （1）每组抽签决定上台比拼的人员。 （2）组内讨论打分，并将每个建议都写在一个便签上，陈述每条建议并张贴在大白板上。 （3）主持人记分，按得分高低依次可以得到3/2/1个红色点贴。	60分钟
优胜队评比	通过2轮比拼，按红色点贴数评出第一、二、三名。奖惩：第一名请第三名表演一个节目。	10分钟
总结讨论	采用五级落地法对所有张贴的便签进行汇总分类，归纳总结出开好班委会的要点及注意事项。	20分钟

班委会准备和召开注意事项

（1）前期准备要求及注意事项：

1）内容准备充分完备，内容熟记，具体的内容要进行查缺补漏。

2）准备并打印好相关资料发给班委。

3）每次开班委会前至少练习三次。

（2）仪容仪表注意事项：

1）穿着得体大方。

2）面带微笑，自信亲切。

3）抬头挺胸，以开放性的姿态面向班委。

4）班委会过程中要与班委有眼神交流。

（3）语音语调注意事项：

1）语言要求准确、精炼、表述清晰。

2）语速平稳，语调要有变化，重点内容要重点强调。

3）避免口头禅。

（4）实施过程中的注意事项：

1）内容要涵盖全面，重点内容重点突出。

2）进行适当互动，为班委答疑解惑。

3）内容讲解完后，征求班委意见建议。

（5）具体内容注意事项：

1）内容要涵盖班委会组织、学习小组设置、班委职责和人选、班级各项活动安排和各位班委的任务、听取班委对活动安排的建议、告知班会议程和班会召开时间、宣布强调班级纪律、最后希望得到班委会的配合和支持。

2）每个模块的内容在讲解过程中要自然过渡。

3）重点内容：纪律、安全等问题要强调清楚，不可表述错误。

4）班委提出意见建议，大家讨论，就班级活动统一思想，达成共识。

3.1.2 提供会议服务（适应期）

会议是现代管理的一种重要手段，而专题会议作为日常工作中常见的会议形式，主要是围绕一个专题展开的会议，这种会议形式在目前工作中使用的越来越普遍，因此培训教学管理者也要了解会议组织的相关内容和工作要领。本次内训结合国网公司系统内专业会议的组织流程，对会议组织中的常见问题进行了梳理，并提出了解决措施，内训时长约3小时，主要采用研讨形式展开。

内训成果展示：课程教案（含会议管理那些事儿课件）

课 程 教 案

1. 课程描述

教学对象	培训教学管理人员	教学名称	会议管理常见问题
教学方式	游戏导入 + 讨论 + 解答	教学时长	3 小时左右
教学目标	梳理会议管理常见问题，并提出解决措施，提升会议项目的组织能力和会议服务水平。		
教学内容	（1）内容：会议管理过程中遇到过哪些问题？应该如何解决？ （2）要求：全员参与，群策群力。		
教学准备	（1）教室摆放：小组讨论式。 （2）分组：3 组，每组 5 人。 （3）设备：大白板、白板笔（黑、红、蓝 3 色），每组需要白板笔（黑、红、蓝 3 色）、大白纸、无线话筒、音响设备等。		

2. 教学过程

步骤	教学活动	时间分配
游戏导入	面对面建群： （1）通过微信互动 H5 答题，共 10 题，共计 100 分。 （2）题目涵盖会场、住宿、餐饮等重要环节，答题时间总长 270 秒。 （3）第一名奖励红包。	5

续表

步骤	教学活动	时间分配
小组讨论	（1）组内互指的方式指定小组长和书记员。 组长：带领大家讨论，并掌握时间。 书记员：负责记录，同时整理最终本组材料。 （2）针对会议组织中的各个环节（会场、餐饮、住宿、其他）各小组成员通过团队列名法，提出问题并将问题写在便签纸上，将问题贴在白板相应位置上，小组分类整理汇总。 （3）分享：第一组分享，后两组补充。 （4）注意事项： 1）问题的提出要具有代表性或普适性或在之前工作中确实遇到过类似问题，尽量穷尽。 2）目标对象：公司二类会及重点会议。	30
答疑解惑	（1）针对提出的问题，提出解决措施。 （2）补充未提出但常见的问题，提出措施。 （3）微课《八点早会带你飞》。 （4）征求修订意见。	120

会议管理那些事儿课件

3.1.3　培训中的沟通与问题处理（蜕变期）

培训工作越来越被企业所重视，作为培训教学管理者自然也承受着越来越多的工作压力，如何顺利完成培训项目的工作，相信是每个培训教学管理者都在思考的问题。作为培训教学一线的工作人员，做好沟通协调至关重要。有效的沟通协调可以化解矛盾冲突，保持和谐关系，建立良好的团队合作精神。同时可以培养积极心态，提高教学工作效率和效果。开展《培训中的沟通与问题处理》内训活动，旨在使受训者掌握培训教学管理中的沟通协调方法。本次内训活动用时 1.5 小时，活动过程中主要采用讲授和角色扮演的教学方式。

内训成果展示：课程教案（含沟通管理课件）

课 程 假 案

1. 课程描述

教学对象	培训教学管理者	课程名称	培训中的沟通与问题处理
教学方式	讲授、角色扮演	教学时长	1.5 小时
教学目标	任务目标：学会正确的沟通管理，看清对方真正的需求，避免沟通陷入僵局。 态度目标：研讨分享，反省提升。		
教学目的	用角色扮演的方式让学员感同身受，并在今后的沟通交流中学会技巧的应用。		
教学内容	（1）讲授内容：沟通的核心，沟通的意义，沟通的方法。 （2）活动方式：角色扮演，分组展示。		
教学准备	（1）教室摆放：小组讨论式。 （2）分组：3 组，每组 5 人。 （3）设备：大白板、白板笔（黑、红、蓝 3 色），每组需要白板笔（黑、红、蓝 3 色）、大白纸、无线话筒、音响设备。		

2. 教学过程

步骤	教学活动	时间分配
确定主题	沟通管理	3 分钟
组建团队	根据到场人数分组：3 组，每组 5 人。 以报数的方式确定小组成员。	2 分钟
讲授内容	沟通的核心，沟通的意义，沟通的方法。中间穿插之前请学员排练好的情景剧。	50 分钟
角色扮演	要求：两人一组，U 型沟通，每个大组组长保证这 3 类角色扮演都包含。 （1）一人扮演晚归学员，一人扮演班主任。 （2）一人扮演醉酒学员，一人扮演班主任。 （3）一人扮演考试不及格的孩子，一人扮演家长。	30 分钟
理论总结	用思维导图的形式总结课程。	5 分钟

沟通管理课件

3.1.4　妥善处置突发事件（蜕变期）

应急事件具有突发性的特点，处置不当容易带来严重后果和不良影响。对应急事件的特点及处理措施，做到心中有数，遇事不慌，灵机应变，妥善处理应急事件，是班主任加强组织能力的必修课程。

我们专门开展了《如何处理应急事件》内训活动，旨在梳理应急事件的具体情况和应对措施，积累已有的处理经验，提炼处理应急事件的总体原则。

内训成果展示：应急事件梳理及处理原则

经过内训活动梳理，共归纳总结出八类应急事件，并对可能出现的情况及应对措施进行了论述，并提出处理应急事件的总体原则。

（1）自然灾害（地震、火灾）事件可能出现什么情况呢？

答：自然灾害事件发生概率较小，一旦发生则严重危及人身财产安全；容易引起舆论危机；暴雨积水、漏水引起墙皮、玻璃等物件剥落；容易发生漏电、触电等情况；应对者不太清楚应急办法及方案；人员不清楚逃生通道；容易造成恐慌、混乱；容易发生踩踏事件；自然灾害带来二次伤害等。

如何应对自然灾害呢？

答：在教室准备应急医疗包；有基本的急救、逃生的知识及技能；熟知逃生路线；联系相关部门及人员；参加应急事件模拟演练和培训；对长期班进行安全教育；事后安抚不良情绪；注意舆情的走向。

（2）学员生病可能出现什么情况呢？

答：学员突发急性病（心脏病、高血压、低血糖、脑梗、羊痫风、痛风），学员晕倒丧失意识；半夜给班主任打电话；学员在外面吃饭吃坏肚子，让他人产生误解；学员患有严重的心理疾病。

如何应对学员生病事件呢？

答：找机会向学员介绍高培中心医务室及附近药店情况；不轻易搬动学员；及时送往医院；及时向领导汇报；向综合服务中心打电话（要救护车），向医务室打电话；多多关注高危人员；对生病学员进行一定的心理安慰；去学员房间慰问，定期跟踪询问病情；按照高培中心应急处理流程执行；问其他班是否出现相同情况，联系餐厅等部门。

（3）学员受伤事件可能出现什么情况呢？

答：出现动物伤害事件；出现早操等运动受伤事件；在高培中心院内摔倒事件、磕撞事件；因醉酒而受伤；和他人斗殴受伤；发生烫伤事件；发生自杀未遂事件；发生呛到、鱼刺卡到事件；发生玻璃扎伤事件；在学校院内发生车祸事件。

如何应对学员生病事件呢？

答：开班时，向学员交代相关事宜（禁止外出饮酒等）；第一时间安抚受伤学员情绪，先控制局面；联系综合服务中心，联系医务室，联系医院；联系保安等人员进行帮助；向领导汇报情况。

（4）老师上课应急事件可能出现什么情况呢？

答：老师记错时间，临时告知不能前来上课；老师临时要求更换上课时间；由于被堵在路上等原因，老师迟到；老师不熟悉行车路线而迷路；老师未带课件，或者课件打不开。

如何应对学员上课应急事件呢？

答：多提醒老师几次（至少提前一星期提醒一次，上课前一天提醒一次）；联系备用师资，联系其他上课老师调整时间；提前问老师要课件，准备好以应急；将地图定位发给老师；播放视频、组织游戏填充时间。

（5）课堂事故事件可能出现什么情况呢？

答：设备突发故障（话筒、投影等设备出现故障，停电）；学员不遵守纪律（上课说话，抽烟、打电话、打呼噜、手机响）；老师有不满情绪、身体不适；资源临时调整（上课第一天学员人数激增）；学员与老师起冲突、学员之间冲突；学员人数锐减；学员对座次不满；出现学员罢课情况。

如何应对课堂事故事件呢？

答：联系后勤相关音控、会议、强电、弱电等班组人员；强调培训纪律和课堂纪律；加强与老师、学员沟通；安慰各类人员情绪。

（6）散布不良信息事件可能出现什么情况呢？

答：在微信群里、网络上散布不良信息（不利于团结、非正能量、加密信息、污蔑谣言等）；发布邪教信息、反党言论；（老师或学员）在课堂内散布不良信息；课下散布不良信息；狂发广告推销信息。

如何应对散布不良信息事件呢？

答：建立黑名单；警告，如果没有效果，踢出群组；找个人进行谈话，与信息发布源人员进行沟通；向领导汇报相关情况。

（7）诈骗事件可能出现什么情况呢？

答：冒充学员发布打牌邀请、借钱；假冒书店订书；学员质疑校方泄露个人信息；假冒发培训通知；冒充银行进行诈骗。

如何应对诈骗事件呢？

答：在班会时，强调加强防范意识；向领导进行汇报；提示学员报警；如果发现诈骗信息，及时告知警示学员；谨慎发通讯录，如果发放，必须提醒学员注意保密。

（8）醉酒事件可能出现什么情况呢？

答：醉酒者躺在大堂、院内；衣冠不整；不认识回校的路；发生呕吐事件（比如出租车）；晚上在院内放声高歌、大吵大闹；踹门等损坏公物；发生物件丢失；发生酒精中毒；发生浴缸溺水事件；酒后受伤事件；发生骚扰事件。

如何应对醉酒事件呢？

答：班会强调培训纪律、八项规定；联系学员、保安、客房等人员协助；对后勤人员进行应急措施培训；择时对其进行思想教育；联系医务室等就医机构；向领导汇报；跟主办方进行沟通。

（9）处理应急事件的总体原则有哪些呢？

答：以预防为主，在班会等场合进行强调；第一时间向领导汇报；及时联系相关人员；遇到事情要沉着冷静，不要恐慌；记住处理者代表的是国网高培中心；安抚负面情绪；注意舆情控制；明确责任主体，但必须注意方式；可以进行事后教育。

3.2 引导能力

3.2.1 课程引导与总结（蜕变期）

在课程开始前及结束时，培训教学管理者要进行课程导入及总结，帮助学员了解课程设置的目的、授课师资的基本情况及把握课程的重点，同时随着国际化培训项目的不断增加，培训教学管理者需用外语介绍课程、师资及总结。开展《课程引导与总结》内训活动，旨在使受训者全面掌握介绍课程和师资的要领及注意事项。本次内训活动用时 3 小时，活动过程中主要采用小组演练和组间互评的教学方式。

内训成果展示：课程教案（含讲师介绍注意事项）

课 程 教 案

（1）课程描述：

教学对象	培训教学管理者	课程名称	课程引导与总结
教学方式	小组演练、全体演练	教学时长	3 小时
教学目标	根据不同班级对师资进行中英文课程介绍和课后总结，掌握课程引导及总结的要点，并能流利地对课程和师资进行介绍和总结。		
教学内容	演练内容：每位学员自愿选择介绍的师资，演练前准备好课程师资的中英文介绍和总结。 演练方式：小组内全员轮流实战演练、组内相互点评，每人至少演练三次。 全体学员以小组为单位抽签选出代表，在全班演练。 演练要求：全员参与、机会平等。		
教学准备	（1）教室摆放：分组讨论式。 （2）分组：5 组，每组 4 人。 （3）每组需白板、白板笔（红色、蓝色、黑色）、大白纸、红色点贴、无线话筒、音响设备等。		

（2）教学过程：

步骤	教学活动	时间分配
课前准备	全体学员内训前设定好演练的具体课程背景，包括上课时间、课程名、老师、班级、学员数、学员基本情况等，准备好老师的中英文介绍和总结。	
课程引入	介绍活动内容、活动方式、活动规则。	30分钟
组建团队	通过报数方式形成5组，组内推选出组长，每组3人左右。	5分钟
组内演练	组内演练点评（每组在不同教室进行演练）： 每人在组内至少进行3次实战训练（需站在讲台上），其他成员进行点评。 其他人至少提1条改进意见，演练人员要在白板纸上记录每条点评意见。 组内演练每人至少三轮。	60分钟
全体演练	全体演练： 每组以抽签的形式确定上台演练人员（抽签形式确定人员，保证机会公平）。 小组代表首先介绍课程背景和相关情况。 代表分别做课程中文介绍与总结、课程英文介绍与总结。	45分钟
	分组点评： 每组以抽签形式确定点评代表，代表本组反馈组内的点评意见。 演练人员将各组意见汇总到白板上。	
总结讨论	通过此次演练，总结讨论师资介绍的注意事项及要点。	30分钟

讲师介绍注意事项

（1）相关要求：

1）提前与老师沟通介绍内容。

2）开场前维护好学员纪律，适当调动情绪，进入上课氛围。

3）介绍老师时注意学员的年龄、职位和需求。

4）先说课程的设置和意义。

5）注意仪表，仪态。着装大方得体，少有小动作，目光坚定，环视学员。

6）声音洪亮，注意语音语调，声音放慢、平和。

7）介绍重点突出，总结到位。

（2）具体做法：

1）介绍老师内容：老师背景，所获奖项荣誉，受欢迎程度。老师的简介可上网查询或直接询问老师。

2）授课内容介绍：背景、价值、重要性、必要性。

3）纪律：请学员尽快就座，手机调整到振动或静音状态。

4）仪态：挺胸抬头，姿态放松，不要晃动，减少小动作。单手拿话筒，保持微笑，表情自然，过程中要与学员和老师有眼神交流。如果要指向学员或老师，用四指并拢的手势。

5）语言：讲师到位后再讲话，建议语速为 160 字 / 分钟，重点强调时可以有语调变化。少用语气词。开场时可结合时间、天气等问候学员或老师。

3.2.2　引领教学游戏（蜕变期）

针对成人学习中存在的重情感好互动、重目的好选择、重思考易遗忘、重经验易怀疑等特点，培训教学管理者有必要掌握一些教学游戏，在适当的时候带领学员做游戏，以活跃培训气氛，充分发挥学员的主观能动性，让学员在轻松愉悦的氛围中完成培训学习任务。

内训成果展示：课程教案（含中文游戏包和英文小游戏课件）

课程教案（中文班）

（1）课程描述：

教学对象	培训教学管理者	课程名称	班会热身小游戏（中文）
教学方式	抽签演练	教学时长	融入内训全过程
教学目标	掌握班会破冰游戏的操作方法，并且能独立组织游戏，在班会上带领学员尽快熟悉起来。		
教学内容	每次内训或方案讨论前，由前一次抽签抽到的人带领全处人员做一个课前小游戏。课前小游戏也是前一次从全处人员提交的游戏设计方案中抽取。 要求：每人每个游戏时间控制在 10 分钟内。		
教学准备	（1）教室摆放：无要求。 （2）设备：大白板、白板笔（黑、红、蓝 3 色），每组需要白板笔（黑、红、蓝 3 色）、大白纸、无线话筒、音响设备。		

（2）教学过程：

步　骤	教学活动	时间分配
收集游戏（提前准备）	将处内人员设计的所有游戏汇总，形成游戏包，发给每个人。	
熟悉游戏包	处内人员自行熟悉游戏包里的所有游戏。也会预留时间给中签者准备。	
课前抽签	抽签分两轮，一轮是决定下次方案讨论或内训课前谁来带领做游戏。一轮是决定做什么游戏。游戏从游戏包里随机抽取。	5 分钟
演　练	中签者带领所有人一同完成抽中的游戏，若有不熟悉的地方，可邀请游戏设计者为助手，二人共同完成该游戏。	8~15 分钟
点　评	每人在游戏结束后对游戏过程进行点评，每人提出至少一条意见建议或感受体会。	20 分钟

续表

步 骤	教学活动	时间分配
再次抽签	此轮抽签决定下次演练者和演练的游戏。中签者需提前准备。	5 分钟
总 结	在最后一个人演练完成后，单独对游戏演练的全过程进行总结回顾，提炼经验，加深印象。 方式：团队头脑风暴法。 方法：逐一对游戏包里的游戏进行回顾，提炼关键点和注意事项。	15 分钟

课程教案：中文游戏包

课程教案（外籍班）

（1）课程描述：

教学对象	培训教学管理者	课程名称	英文小游戏
教学方式	抽签演练	教学时长	30 分钟
教学目标	掌握英文小游戏的操作方法，并且能独立在外籍学员培训班中组织游戏。		
教学内容	内训开始前，由组织者带领全处人员做两个英文小游戏。 要求：每个游戏时间控制在 5~10 分钟。		
教学准备	（1）教室摆放：岛屿式。 （2）设备：大白板、白板笔、大白纸、无线话筒、音响设备。		

（2）教学过程：

步骤	教学活动	时间分配
收集游戏 （提前准备）	收集英文破冰和热身小游戏，汇总游戏包，凝练英文游戏规则语言。	
语言储备	简要分享自我介绍和单位简介的英文语言，以及破冰中会用到的英语。	5 分钟
演 练	每组 6 人，一共分为两组。组织者指定每组 3 位成员完成第一项游戏。每组剩下的成员完成第二项游戏。	8~15 分钟
点 评	每人在游戏结束后对游戏过程进行点评，每人提出至少一条意见建议或感受体会。	5 分钟
总 结	在完成演练后，组织者对游戏演练的全过程进行总结回顾。之后，各组讨论 5 分钟，将大家对游戏的意见和感受凝练，加深印象。 方式：团队头脑风暴法。 方法：逐一对游戏进行回顾，提炼关键点和注意事项，形成文本或图表。	10 分钟

英文小游戏课件

3.2.3　主持学员论坛（蜕变期）

学员论坛是真正实现研究、探讨、教学的有机统一，充分发挥学员主动性和积极性的一种教学方式。办好学员论坛，需做好学员论坛前的选题与准备，营造各抒己见、畅所欲言的研讨氛围，抓好学员论坛中的参与和引导。

专门开展《主持学员论坛》内训活动，旨在使受训者全面掌握学员讨论的准备流程、主持用语、常见问题与解决方法。本次内训活动用时 1 小时，活动过程中主要采用小组讨论的教学方式。

内训成果展示：课程教案（含主持学员论坛教学活动准备流程、主持用语、常见问题与解决方法）

课 程 教 案

（1）课程描述：

教学对象	培训教学管理者	课程名称	如何组织学员论坛
教学方式	小组讨论	教学时长	1 小时
教学目标	（1）讨论、归纳学员论坛准备与主持流程。 （2）形成开场词、结束语模板与总结学员论坛内容技巧模板。 （3）形成组织学员论坛问题解决手册。		
教学内容	（1）活动内容。通过讨论的形式，完成以上活动目标。 （2）活动方式。组内讨论、组间交流。 （3）注意事项。组内讨论要注意区分组织过学员论坛的成员与未组织过的成员，以充分发挥个体智慧，形成更全面的解决方案。		
教学准备	（1）教室摆放：小组讨论式。 （2）分组：3 组，每组 5 人。 （3）每组需白板、白板笔（红色、蓝色、黑色）、大白纸、笔记本电脑。		

（2）教学过程：

步骤	教学活动	时间分配
确定主题	介绍活动目标、活动方式。	3 分钟
组建团队	（1）按是否组织过学员论坛将成员分为 2 列，分别按 1~3 报数。报相同数字的组成一组。 （2）保证每组至少有一名组织过的成员。并由其中工作年限最长的担任组长。组长负责组织推动组内讨论。 （3）赋名：组织过的成员—"大拿"，没组织过的成员—"小白"。	3 分钟
组内讨论	（1）"小白"讨论学员论坛准备流程、主持流程。记录在大白板上。 （2）"大拿"不参与此轮讨论，作为观察员，以便下一轮加入讨论。	10 分钟
	"大拿"加入讨论，组内讨论确定准备流程、主持流程、开场词与结束语常用句式，以及总结学员论坛内容技巧。并将本组讨论结果记录在电脑上。	20 分钟
	（1）由"大拿"分享之前组织学员论坛时曾碰到过的问题。注意，不要说出当时的解决做法。 （2）讨论解决方法，在讨论出小组结果后，该老师再讲出当时自己的做法，与之比较，优中选优。将组内认可的做法记录在电脑上。	14 分钟
组间交流	（1）组内抽签选出一名代表发言。 （2）按小组序号，第 1 组代表将组内讨论成果向全体成员分享，后两组补充发言。有不同意见可提出探讨。	15 分钟
总　　结	汇总形成准备流程、主持流程、主持常用句式与问题解决手册。	活动结束后三个工作日内

主持学员论坛教学活动准备流程、主持用语、常见问题与解决方法

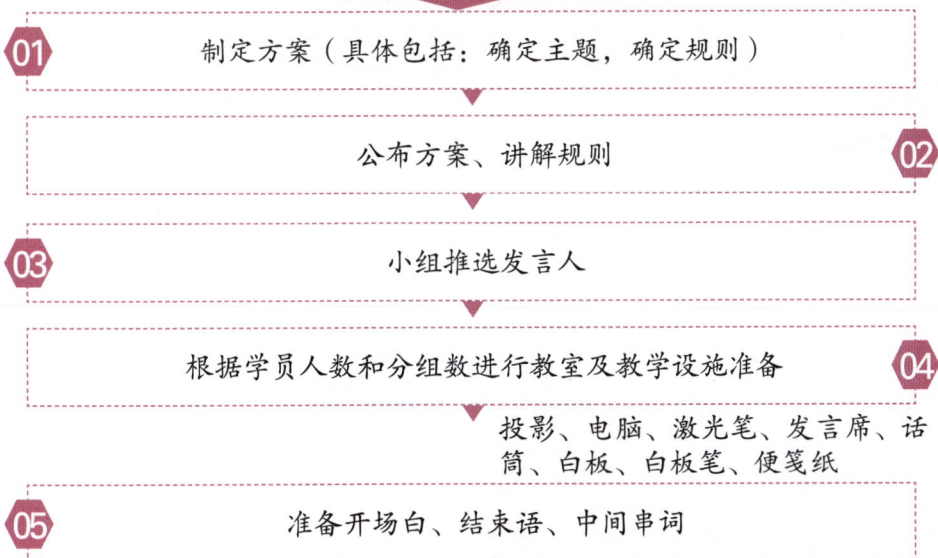

02 · 主持用语参考 ·

	句式	角度
开场用语	暖场（大家上午好）	
	背景和目的介绍（此次培训基于★★★★）	活动目的
	论坛与培训目标的结合点	
	总结小组发布阶段成果（通过小组研讨，我们共推选出★位分享人）	"活动规则、分享人产生办法、主题产生办法"
	介绍主题、参与人、规则	
	鼓励大家积极参与	
总结学员演讲内容用语	简单复述发布内容	
	肯定内容和方式的优点（结构完整、逻辑清晰、数据翔实等）	
	感谢参与	
结束用语	整体复述学员的分享内容（从★的方面介绍）	
	对整场论坛的状况点评（发言者做了认真准备，内容实用，借鉴意义强，认真聆听，积极交流，取得了一定的效果）	
	对训后的交流研讨安排	

03 · 常见问题与解决方法 ·

Q ▶ 学员超时

使用倒计时器（如铃铛）；设计时员；人为干预，强制结束；
提醒下一个学员 ◀ **A**

Q ▶ 现场纪律

提醒学员注意 ◀ **A**

Q ▶ 设备出问题

提前彩排；第一时间处理或找音控人员处理 ◀ **A**

Q ▶ 分享人有可能临时缺席

提前确定学员是否出席、做好预备方案 ◀ **A**

Q ▶ 怎么推选出优秀的分享者

确立班主任权威；提供好的方法和工具；平衡学员区域、性别、
专业的丰富性 ◀ **A**

Q ▶ 互动环节冷场，学员积极性差

采用激励手段，例如准备奖品、设置奖项；找托； ◀ **A**

Q ▶ 学员们针对某个问题起争执

"这个问题我们课下再接着讨论" ◀ **A**

3.3　促动能力

3.3.1　拓展训练（修炼期）

拓展训练是一种有效的团建方式，一般在培训班开始时实施，以促进学员间快速熟悉，为后续的学习营造良好团队氛围。由于总体培训时间所限，部分短期培训班希望利用开班仪式结束后或晚间的时间，组织简单的室内拓展训练活动，时长一般不超过 2 小时。此类拓展训练如果交由外部机构实施，教学实践不够且费用成本较高。由带班老师组织完成不失为一种较好的选择。

针对拓展训练组织经验不足的员工，我们专门开展了《拓展训练的组织》内训活动，旨在使受训者全面掌握拓展训练组织流程及注意事项，提高拓展训练活动的组织能力。本内训活动用时 1.5 小时，活动过程中主要采用案例示范和分组研讨的教学方式。

内训成果展示：课程教案（含拓展训练常用总结点评用语和注意事项）

课 程 教 案

（1）课程描述：

教学对象	培训教学管理者	教学内容	组织拓展训练活动
教学方式	分组研讨	教学时长	1.5 小时
教学目标	（1）通过案例示范，掌握拓展训练活动的组织流程。 （2）通过小组研讨，总结并掌握组织拓展训练活动的常用总结语和注意事项。		

续表

教学内容	（1）案例示范。内训前，博士新员工培训班刚刚组织了拓展训练活动，即以本次活动组织为案例，讲解示范拓展训练活动组织的全流程，包括规则讲解、游戏体验、总结点评。 （2）研讨拓展训练活动常用总结点评用语。总结点评是拓展训练活动的重要环节，恰到好处的总结点评可以引起学员的共鸣，提升活动的效果。各小组总结当场游戏体验的感受和过往的拓展训练活动参与经历，提出常用的总结点评用语，以作为以后组织活动的参考。 （3）研讨拓展训练活动组织注意事项。各小组针对案例示范进行研讨，分析容易出错的环节，总结归纳出拓展训练活动组织的注意事项。
教学准备	（1）教室摆放：小组讨论式。 （2）分组：3组，每组5人。 （3）设备：大白板、白板笔（黑、红、蓝3色），每组需要白板笔（黑、红、蓝3色）、大白纸、无线话筒、音响设备、内训点名单15份。

（2）教学过程：

步骤	教学活动	时间分配
课程导入	介绍教学目标、教学方式。	5分钟
案例示范	以博士新员工培训班为案例，示范拓展训练活动组织的全过程。 （1）讲述博士新员工培训班基本情况，拓展训练游戏设计思路和活动组织过程。 （2）以案例中一个游戏环节为例，各小组现场体验。	15~20分钟
分组讨论	根据现场体验的感受和过往参加拓展训练的经历，总结拓展训练活动中总结点评环节的模式化用语。 研讨方法：团队列名法。 组内讨论15分钟，小组代表分享5分钟。	20分钟
分组讨论	针对示范案例，从方案策划（游戏选择、挑战设置）、现场实施（破冰、规则介绍、点评、总结）等环节研讨拓展训练实施过程中的注意事项。 研讨方法：团队列名法。 组内讨论15分钟，小组代表分享5分钟。	20分钟
经验分享	组织过拓展训练的带班老师分享经验	5~10分钟
成果整理	整理分组讨论结果，形成拓展训练常用总结点评用语和注意事项，供以后工作中参考。	培训结束后

拓展训练常用总结点评用语和注意事项

（1）拓展训练常用总结点评用语：

1）团队协作很重要。高效的团队要有统一的目标，全员认可的行动规范。团队行动要听从指挥，团队成员间既要明确分工，又要相互配合。

2）知道不一定能做到，实践是检验真理的唯一标准。

3）万事开头难，要找准切入点。

4）目标和规则很重要，做事前需明确要达到的目标，内外部的限制条件，可行的技术路线。

5）工作中要有补位意识。

6）要善于学习，能够通过对标找差距，借鉴外部经验提升自身。

（2）拓展训练组织中的注意事项：

1）安全：检查场地的安全设施是否到位，如有剧烈活动提醒受伤、身体不适的特殊情况的学员不要参加。

2）规则需明确：采用 PPT 等图文手段，尽可能直观展现规则。对所有参赛队伍的评判标准要一致。强调最终解释权归组织老师所有。

3）时间把控：多个环节的活动，对于每个环节的时间要严格控制。

4）道具准备：提前准备好游戏各个环节需要的道具，开场前进行检查。

5）氛围调动：注重观察，抓住活动中的活跃学员，通过部分学员带动全体。对于过早进入休息状态的学员给予关注，如果是无法完成挑战，及时给予一定的暗示、帮助；如果本环节已经大步领先，可以适当给予难度更高的挑战。

3.3.2　学习复盘研讨（修炼期）

管理类培训项目中，学员有很强的思考和参与意识。培训内容会触发学员对岗位相关工作的思考，学员也希望和同学分享自己的收获，以获得更多的建议，形成自己的行动改进方案。学员自行交流或分组交流，效率较低，也难以产出有效的改进方案。学习复盘研讨，综合采用行动学习、焦点讨论法、结构化研讨等方式，充分发挥学员的积极性和自主性，帮助其有效地开展分享交流，通过研讨形成有效的行动改进方案。

培训教学管理者作为学习复盘研讨的引导者，要掌握多种不同类型的研讨工具，以及解决研讨过程中学员的疑问。《学习复盘研讨》内训活动正是要帮助培训教学管理者快速了解基本的引导方法和基础的研讨工具，达到可以独立组织此类教学活动的目的。本次内训活动用时 2 小时，活动过程中主要采用分组演练的教学方式。

内训成果展示：课程教案（含学习复盘研讨教学活动开展注意事项）

课 程 教 案

（1）课程描述：

教学对象	培训教学管理者	课程名称	学习复盘研讨
教学方式	分组演练	教学时长	2 小时
教学目标	每个参与者了解学习反思会的组织方式、步骤，并能独立在培训中组织学习复盘研讨。		
教学内容	以培训教学岗位内训作为反思内容，组织相关人员以分组的形式演练学习反思会的组织实施。		
教学准备	（1）教室摆放：小组讨论式。 （2）分组：3 组，每组 5 人。 （3）设备：大白板、白板笔（黑、红、蓝 3 色），每组需要白板笔（黑、红、蓝 3 色）、大白纸、无线话筒、音响设备。		

（2）教学过程：

步骤	教学活动	时间分配
确定主题	介绍活动目标、活动方式。	3 分钟
组建团队	根据到场人数分组：3 组，每组 5 人。 以报数的方式确定小组分组成员。	2 分钟
介绍 ORID 工具	为什么用，如何用，何时用，PPT 形式。	5 分钟
现场演练	以反思内训课程为主题内容，仿照陕西青干班模式。 （1）小组内每人用 ORID 说一条课程总结或是培训体会。 （2）用世界咖啡的形式进行小组之间的分享。 （3）全班交流，小组自行选出代表在全班进行分享。 小组代表发言完毕，其余每组就发言内容提出至少一个问题。	60 分钟
抽签演练	每组抽签决定一人上台演练主持学习复盘研讨。其余每组讨论后，给出每组意见和评价。	30 分钟
总　结	（1）学员进行总结，每人一句话。 （2）主持人总结。	10 分钟

学习复盘研讨教学活动开展注意事项

（1）开始前，跟学员明确活动目标。

（2）严格要求大家用三到法来进行反思。

（3）把控时间，必要时可以打断、纠偏学员发言。

（4）要反复强调每一环节的任务，确保每一位参与者明白当前任务。

（5）催化师要在各组之间来回走动，多与学员进行交流。

（6）在选问题环节，催化师要进行把关，要求学员讨论一个与工作有关的、亟待解决的并可以出行动方案的题目，而非理论性、辩论性的题目。

（7）在最后总结环节，催化师要照顾到每一个学员感受，总结大家行为，并做出期待。

3.3.3 小组讨论（修炼期）

小组讨论是管理人员培训中学员获取和巩固新知识的一个重要手段。学员之间的交流往往更能起到启发思想、打破局限的效果。一般在一周左右的培训班中，会安排小组讨论的环节，可以有明确的主题，围绕主题得出结论，也可以敞开话题自由发挥，进行工作交流。

针对组织经验不足的培训教学管理人员，我们开展了《小组讨论》内训活动，旨在使受训者全面掌握小组讨论的组织流程、操作步骤及注意事项。本次内训活动用时 2 小时，活动过程中主要采用分组讨论的教学方式。

内训成果展示：课程教案（含小组讨论组织流程、操作步骤及注意事项）

课 程 教 案

（1）课程描述：

教学对象	培训教学管理者	课程名称	小组研讨
教学方式	分组讨论	教学时长	2 小时
教学目标	可以独立组织小组讨论，并输出集体讨论结果。能够熟练运用不同研讨工具。		
教学内容	（1）活动内容：旨在运用团队列名等方式，以具体问题为导向，组织学员进行研讨，通过研讨，最终得到实施过程的优化方案。 研讨主题范例：常用的研讨工具有哪些？组织小组研讨常见问题和经验等。 （2）活动方式：组内讨论、组间交流。		
教学准备	（1）教室摆放：岛屿式。 （2）分组：3组，每组6人。 （3）每组需白板、白板笔（红色、蓝色、黑色）、大白纸、红色点贴、便笺纸等。		

（2）教学过程：

步骤	教学活动	时间分配
确定主题	介绍活动目标、活动方式。	3分钟
组建团队	（1）根据到场人数分组：每组 6 人左右。 受训者按照工作年限（年限相同的按实习时间的早晚）从多到少的顺序站成一排，以报数的方式确定小组成员。 （2）确定书记员、纠偏员（计时员）： 1）组长负责召集本组成员，确定记录员，纠偏员。 2）书记员负责组织组员粘贴便利笺，填写研讨成果表。 3）当讨论偏离问题时，纠偏员要及时打断并提醒。 4）纠偏员兼任计时员，严格控制本组每轮研讨时间。 （3）暖场游戏。	10分钟
选主题	（1）每位学员将工作中遇到的 1 个问题写到便签纸上。 （2）组长将所有组员的问题收集贴于白板之上。 （3）每个组员有 2 个彩色点贴，分别将点贴贴于 2 个最想讨论的问题旁。 （4）得"点"最多的问题即为本组的研讨问题。 （5）请各组组长轮流发布本组的研讨问题。各组问题无重复即可进行下一步；若有重复，后发布的组选择"点"数次多的问题为本组的研讨问题。	7分钟
组内讨论	（1）发布研讨规则（团体列名法）。 1）每位学员把自己独立思考的结果逐条写在便签纸上。 2）学员按顺序轮流发言，每人一次只讲一条，别人讲过的就略过，将写有相应内容的便笺纸按一定规律或分类分区域粘贴在白板上。 3）没有意见可以越过。一轮接着一轮，直至每人说完。 4）大家说完前，不要对别人的观点妄加评论。 5）最后澄清、合并同类项。 （2）按研讨规则进行第一轮讨论，讨论问题产生的原因。 （3）第一轮决策，确定最主要原因。 1）每名学员有 3 个彩色点贴，自主根据重要性和准确性分析，运用贴点方式，对原因进行投票。 2）书记员组织学员对全组列出的原因进行贴点，每名学员将自己的 3 个彩点贴纸合理配给若干条原因。 3）"点"数最多为此问题的最主要原因。 4）各组书记员发表本组讨论的问题和确定出最主要的产生原因。	20分钟
组间交流	（1）各组选派一人分享组内研讨成果，提问交流。 （2）引导员对第一轮讨论进行总结，重申研讨规则，强调在有限时间内充分交流。	10分钟
组内讨论	（1）按研讨规则进行第二轮讨论。针对第一轮的最主要原因，讨论解决问题的方法。 （2）第二轮决策。 1）每名学员有 3 个彩色点贴，自主根据重要性和准确性分析，运用贴点方式，对原因进行投票。 2）书记员组织学员对全组列出的措施、方法进行贴点，每名学员合理地将自己的 3 个彩色点贴纸贴在若干条原因上。 3）根据"点"数对组员提出的解决措施进行排列。 （3）组长带学员回顾研讨过程。 1）重申决策出的问题产生的原因及解决办法。 2）组长指定小组某一成员配合书记员，将讨论出的原因及办法进行整理并完成研讨成果表。	25分钟
组间交流	各组选派一人分享组内研讨成果，提问交流。	10分钟
总　结	各组分享研讨过程中的注意事项和要点。	15分钟

小组讨论组织流程、操作步骤及注意事项

1. 组织流程

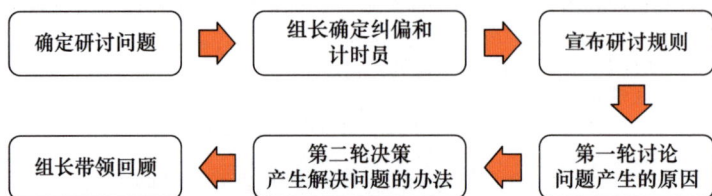

2. 操作步骤

（1）确定研讨问题（5分钟）。

1）每位学员将工作中遇到的1个问题写到便签纸上。

2）组长将所有组员的问题收集贴于白板之上。

3）每个组员有2个彩色点贴，分别将点贴贴于2个最想讨论的问题旁。

4）得"点"最多的问题即为本组的研讨问题。

5）请各组组长轮流发布本组的研讨问题。各组问题无重复即可进行下一步；若有重复，后发布的组别选择"点"数多的问题为本组的研讨问题。

（2）确定书记员、纠偏员（计时员）（1分钟）。

1）组长负责召集本组成员，确定记录员、纠偏员。

2）书记员负责组织组员粘贴便利笺，填写研讨成果表。

3）当讨论偏离问题时，纠偏员要及时打断并提醒。

4）纠偏员兼任计时员，严格控制本组每轮研讨时间。

（3）研讨规则和成果要求（3分钟）。

研讨共分为两轮：第一轮讨论问题产生的原因；第二轮讨论解决问题的方法。第二轮讨论需围绕第一轮小组决策出的最主要的原因进行。最后各组需要完成研讨成果表的填写。

发言规则（团体列名法）：

1）每位学员把自己独立思考的结果逐条写在便签纸上。

2）学员按顺序轮流发言，每人一次只讲一条，别人讲过的就略过，将写有相应内容的便笺纸按一定规律或分类分区域粘贴在白板上。

3）没有意见可以越过。一轮接着一轮，直至每人说完。

4）大家说完前，不要对别人的观点妄加评论。

5）最后澄清、合并同类项。

（4）按研讨规则进行第一轮讨论，讨论问题产生的原因（10分钟）。

（5）第一轮决策，确定最主要原因。（1分钟）

1）每名学员有3个彩色点贴，自主根据重要性和准确性分析，运用贴点方式，对原因进行投票。

2）书记员组织学员对全组列出的原因进行贴点，每名学员将自己的3个彩点贴纸合理配给若干条原因。

3）"点"数最多为此问题的最主要原因。

4）各组书记员发表本组讨论的问题和确定出最主要的产生原因。

（6）引导员对第一轮讨论进行总结，重申研讨规则，强调在有限时间内充分交流。（2分钟）

（7）按研讨规则进行第二轮讨论。针对第一轮的最主要原因，讨论解决问题的方法（10分钟）

（8）第二轮决策。（2分钟）

1）每名学员有3个彩色点贴，自主根据重要性和准确性分析，运用贴点方式，对原因进行投票。

2）书记员组织学员对全组列出的措施、方法进行贴点，每名学员合理地将自己的3个彩点贴纸贴在若干条原因上。

3）根据"点"数对组员提出的解决措施进行排列。

（9）组长带学员回顾研讨过程。（8分钟）

1）重申决策出的问题产生的原因及解决办法。

2）组长指定小组某一成员配合书记员，将讨论出的原因及办法进行整理并完成研讨成果表。

（10）各组组长分享本组研讨成果。（15分钟）

（11）互动交流环节，总结。（10分钟）

3.注意事项

（1）选取组织讨论意愿高的人当组长，提前和组长沟通，获取支持。组长要了解规则和流程，确定组员的分工。

（2）各组设定一位候补组长，必要时可增加一名副组长。

（3）设置把控时间的道具，如电子倒计时器、铃铛等。

（4）营造积极的讨论氛围，可在课前找"托儿"。

（5）在教室展示往期培训班的小组研讨成果。

（6）在研讨过程中设置激励机制，调动团队的争优积极性，设置物质奖励环节。

（7）如果培训项目时间较长，可以安排两次研讨，第一次为问题研讨，第二次为解决方案研讨。

（8）考核评价上对组长有一定倾斜。

3.4 案例教学（修炼期）

近些年，企业培训界一直倡导培训不仅要围绕企业愿景，更要紧贴工作实际。案例教学作为一种集企业实践和管理理念于一体的培训教学方式，可促进培训起到上接战略、下接业务的作用，在企业培训教学中越来越受到重视。

为探索培训教学适用案例的开发途径和应用方式，国网高培中心一方面持续开展案例教学研究活动，公开发表相关研究成果论文多篇，探索形成了具有国家电网管理培训特色的案例评审、案例开发、案例教学模式；另一方面精选国家电网基层管理实际的特色案例《新员工培养的挑战与思考》《电网应急抢险》等，鼓励青年教师上讲台，执教案例课程，深受受训学员和总部相关部门的好评。

本单元特选取国网高培中心内部开发、内部教师完成授课、在多个培训班施行教学的案例课程，作为案例教学课程典型实例，开展相关的内训活动，重点在于培养案例教学授课者对课程的掌控力，提升案例教学的满意度。

内训成果展示：课程教案（含案例教学课件）

1. 新员工培养教学案例开发

课 程 教 案

（1）课程描述：

教学对象	地市、县公司主要负责人、人力资源专业领军人才、基层班组长	课程名称	陈福的新人之路—新员工培养的挑战与思考
教学方式	讲授、角色扮演、小组研讨	考核方式	行动改进计划
教学时长	150分钟	最佳人数	30人
教学内容	新员工培养与留任是各基层供电企业面临的现实问题。本课程通过案例分析、角色扮演、小组研讨，使学员能了解90后新员工的特点及新员工培养中应注意的问题和难点，并为学员提供可参考运用的培养方式方法。		
教学目标	任务目标： （1）根据提供的案例故事背景，思考新员工培养过程中最关心的问题和挑战。 （2）根据标杆案例介绍的新员工培养策略，思考带来的启示。 （3）能结合标杆经验，制定2~3条本单位新员工培养改进行动。 知识目标： （1）了解90后新员工的特点。 （2）能阐述国网新员工培养"三优先"政策。 （3）能够说出新员工培养的多元利益主体。 （4）能阐述新员工培训和新员工培养的区别。		
教学准备	（1）教室摆放：小组讨论式。 （2）分组：5组，每组6人。 （3）设备：投影仪、白板、白板笔（红色、蓝色、黑色）、大白纸、黄色便利贴、无线话筒、音响设备等。 （4）表演道具：4个人的角色卡、台词。		

（2）课程大纲：

步骤		教学活动	培训方法	时间分配
课程引入		通过应届毕业生入职人数的图表，说明新员工的数量越来越多，领导者都在思考如何对新人进行培养，是否有优秀的经验可以借鉴。	讲授	10 分钟
案例讨论	案例呈现	通过角色扮演讲述新员工陈福的新人之路： （1）人物介绍。 （2）过关斩将到国网。 （3）将信将疑到基层。 （4）语重心长谈政策。 （5）格格不入起争执。 （6）分庭抗礼争锋对。 （7）多重矛盾伤脑筋。	1. 角色扮演 2. 新员工视频	20 分钟
	案例讨论	每个小组根据小组成员扮演的角色进行研讨： （1）在新员工培养这个过程中您最关心什么问题？ （2）在故事中遇到了什么挑战？	讨论	40 分钟
	案例分析	根据学员讨论结果总结问题： （1）好的政策如何能有效地落地执行，使公司、执行部门、员工、师傅、家长都满意。 （2）让新员工看到，虽然国网公司、省公司的政策是要让新员工沉下去，到基层，但政策的背后是要锻炼新人，增长才干，通过基层的磨炼更好地成长发展、更快地浮上来。	讲述	15 分钟
讲授		分享案例中的问题解决策略： （1）策略一：5 年 4 阶段。 （2）策略二：导师制。 （3）策略三：三位一体。 （4）取得的成效。	讲述	20 分钟
讨论		案例启示和思考是什么？	讨论	20 分钟
课程总结		（1）多元合力、助其成长。 （2）持续助力、推动转型。 （3）给其挑战、寄予信任。	讲述视频	20 分钟
课后作业		能结合标杆经验，制定 2~3 条本单位新员工培养改进行动。	讲述	5 分钟

幻灯片 **1**

陈福的新人之路
--新员工培养的挑战与思考

幻灯片 ②

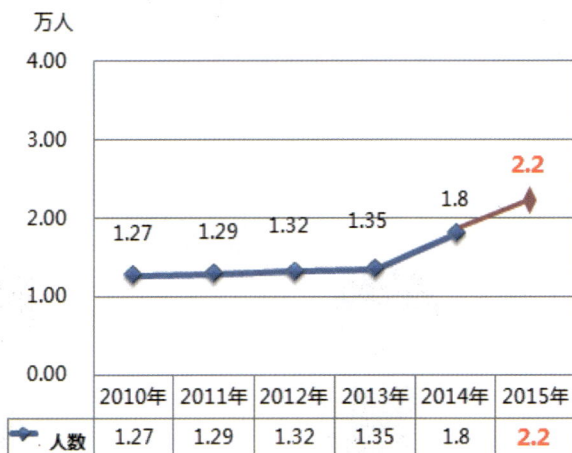

【授课方式】 讲授

【目的】 导入课程

【课程要点】

通过应届毕业生入职人数的图表，说明新员工的数量越来越多，领导者都在思考如何对新人进行培养，是否有优秀的经验可以借鉴。

幻灯片 ③

【授课方式】讲授

【目的】角色介绍

【课程要点】

说明课程将通过角色扮演的方式进行。陈福的新人之路一共有四个角色，请四个学员来扮演一下这四个人物，分别是新员工陈福、县公司党委书记王伟、陈福的师傅、县公司人资部主任吴强。

幻灯片 **4**

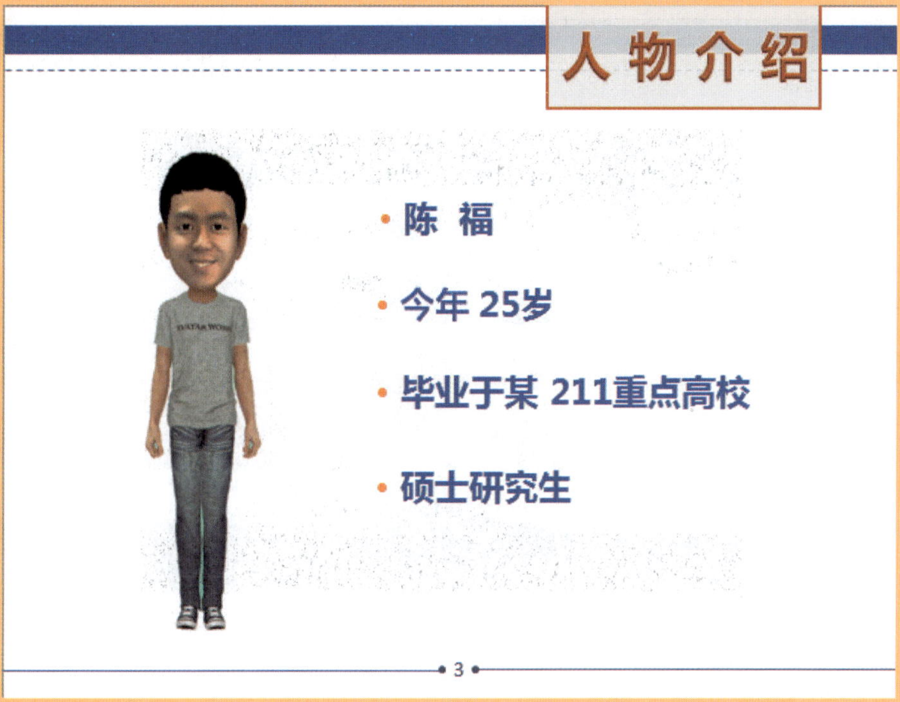

人 物 介 绍

- 陈 福

- 今年 25岁

- 毕业于某 211重点高校

- 硕士研究生

• 3 •

【授课方式】讲授

【目的】人物介绍

【课程要点】

主人公叫陈福，25 岁的陈福研究生毕业了，学电力的他，经过一轮又一轮的笔试、面试，终于进入了每一位学电力专业学生心中的理想之地——国网旗下的某一发达省份的供电公司。故事就从这里开始。

幻灯片 ⑤

【授课方式】讲授、视频、角色扮演

【目的】过关斩将到国网

【课程要点】

　　根据国网公司的规定，所有的新进毕业生都要下基层锻炼，研究生 3 年，本科生七年。当陈福得知自己要去基层工作 3 年的时候，心情非常糟糕。

幻灯片 **6**

将信将疑到基层

➤ 国网一流县供电企业

➤ 全民工195人，农电工400人。
2007年至2011年，招聘
27名大学生进入农电队伍。

县公司党委书记
王伟

• 5 •

【**授课方式**】讲授、角色扮演

【**目的**】将信将疑到基层

【**课程要点**】

　　陈福来到这家县供电公司，曾被评为国网一流县供电企业，员工近 700 人，2007~2011 年共招聘了 27 名应届大学生，均为本科以上学历，在迎新会上，他们见到了党委书记王伟，王书记对他们的到来表示了欢迎，说县公司为更好地执行省公司的"三个优先"政策，为大家选配了优秀的老员工担任导师，帮助大家一年入职，两年入行，三年成熟，四年成才，五年拔尖。

幻灯片 ⑦

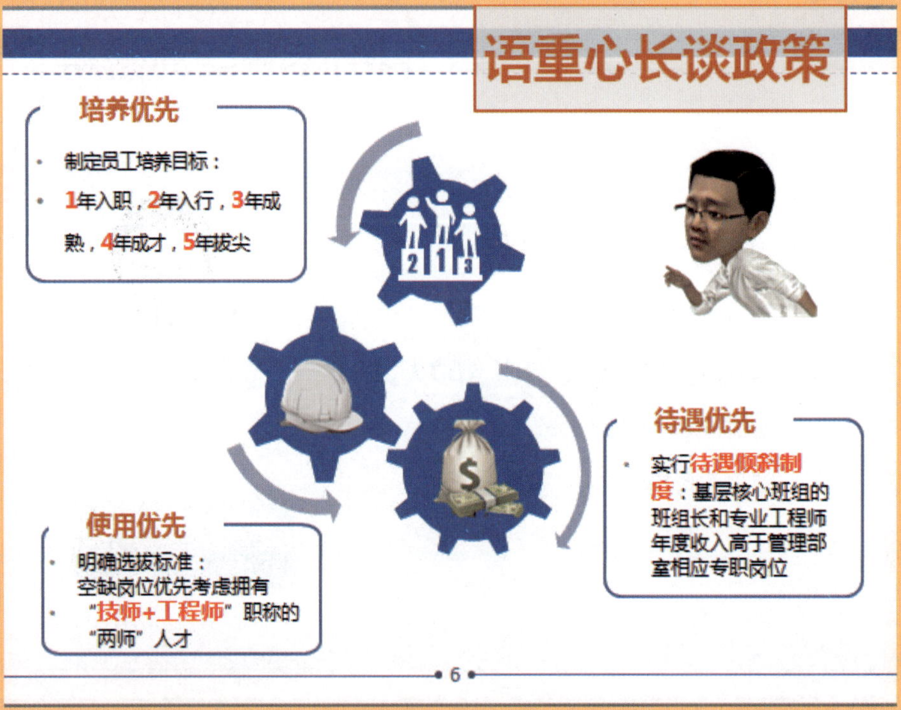

语重心长谈政策

培养优先
- 制定员工培养目标：
- **1**年入职，**2**年入行，**3**年成熟，**4**年成才，**5**年拔尖

使用优先
- 明确选拔标准：空缺岗位优先考虑拥有
- "**技师+工程师**"职称的"两师"人才

待遇优先
- 实行**待遇倾斜制度**：基层核心班组的班组长和专业工程师年度收入高于管理部室相应专职岗位

· 6 ·

【授课方式】讲授

【目的】讲解"三优先"政策

【课程要点】

省公司制定了三个优先的政策培养优先，使用优先，待遇优先。培养优先，即要帮助新员工能一年入职，两年入行，三年成熟，四年成才，五年拔尖。同时明确选拔标准，空缺岗位我们会优先考虑拥有"技师＋工程师"职称的"两师"人才。待遇方面，省也是在政策允许的范围内，尽量提高一线员工的收入。

幻灯片 **8**

格格不入起争执

· 7 ·

【**授课方式**】角色扮演、视频

【**目的**】和师傅出现矛盾

【**课程要点**】

师傅每天就是叫陈福做一些简单的事，比如打扫卫生，记录工作单，让他看自己排查故障。刚开始，陈福还能耐着性子干，但时间长了，陈福开始抱怨师傅对自己工作的安排。

幻灯片 ⑨

【授课方式】角色扮演

【目的】设备出故障

【课程要点】

陈福自行操作设备，出现故障。

幻灯片 ⑩

分庭抗礼争锋对

师傅 ➤◄ 陈福

9

【**授课方式**】角色扮演

【**目的**】师徒矛盾加剧

【**课程要点**】

　　公司对师徒二人进行了处罚，自此以后，他们的师徒关系彻底完结了。师傅认为，陈福实在是不好带，自己就是让他做了一些基础的活，他就不愿意了，自己刚参加工作时，也是从这些活开始做啊。本来带他就是没有津贴，现在还要跟着他受罚。

　　陈福觉得师傅不好相处，也不好好教他。

幻灯片 11

多重矛盾伤脑筋

人资部主任

师傅

家长

新员工

· 10 ·

【**授课方式**】角色扮演

【**目的**】王书记的困惑

【**课程要点**】

王书记分别和人资部主任、师傅、新员工及家长进行了谈话。角色扮演结束。

幻灯片 12

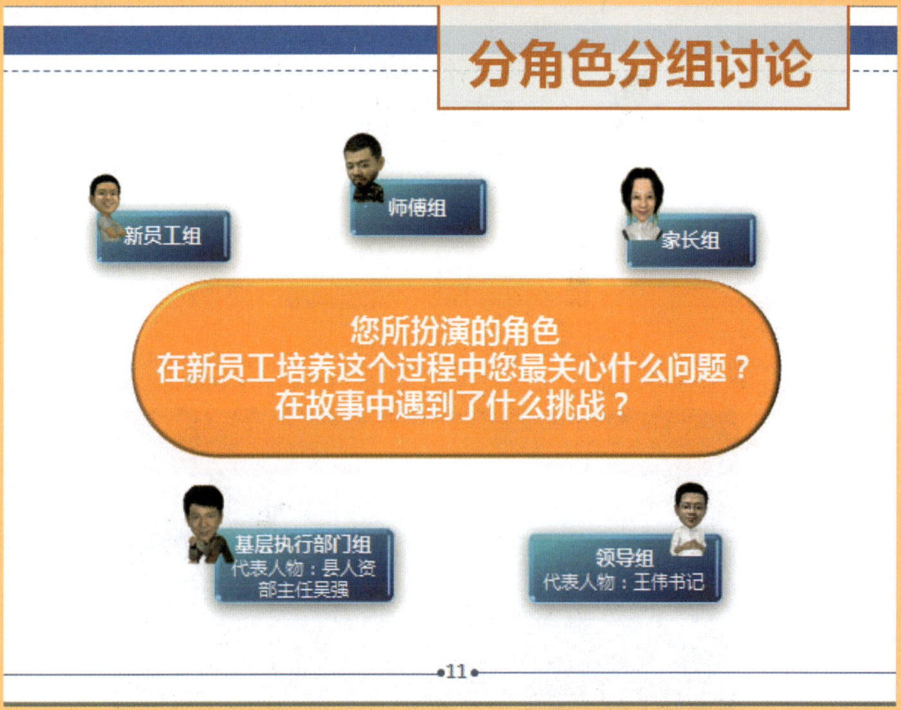

分角色分组讨论

新员工组　　师傅组　　家长组

您所扮演的角色
在新员工培养这个过程中您最关心什么问题？
在故事中遇到了什么挑战？

基层执行部门组
代表人物：县人资
部主任吴强

领导组
代表人物：王伟书记

·11·

【**授课方式**】小组研讨、小组代表发言

【**目的**】讨论故事中遇到的挑战是什么

【**课程要点**】

通过角色扮演，让学员可以站在不同角度对问题进行分析。

幻灯片 **13 14**

【授课方式】 讲授

【目的】 根据学员讨论结果总结问题

【课程要点】

（1）好的政策如何能有效地落地执行，使公司、执行部门、员工、师傅、家长都满意。

（2）让新员工看到，虽然国网公司、省公司的政策是要让新员工沉下去，到基层，但政策的背后是要锻炼新人，增长才干，通过基层的磨炼更好地成长发展，更快地浮上来。

幻灯片 ⑮

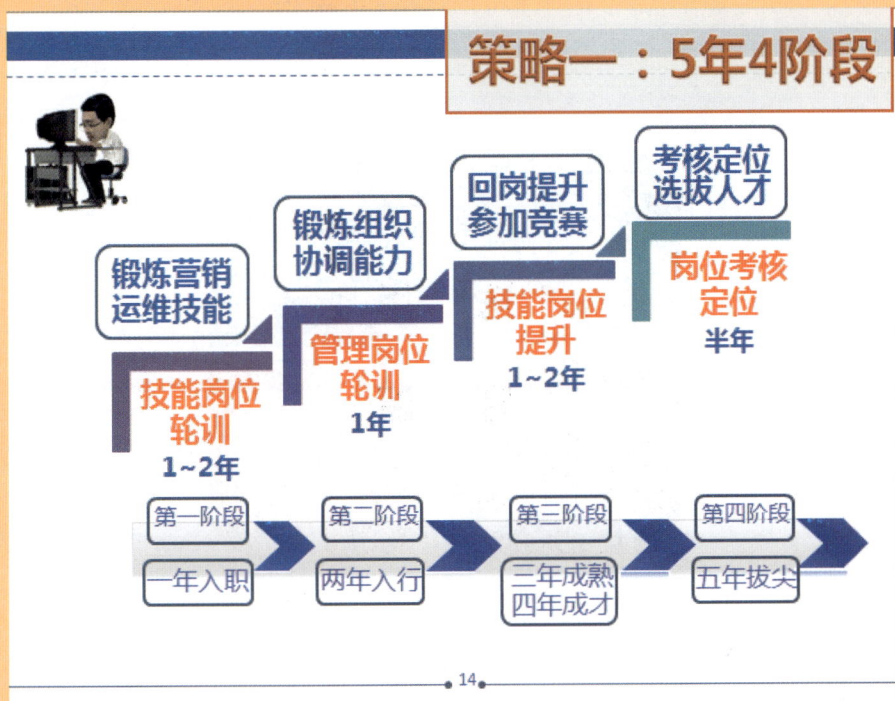

策略一：5年4阶段

锻炼营销运维技能

技能岗位轮训
1~2年

锻炼组织协调能力

管理岗位轮训
1年

回岗提升参加竞赛

技能岗位提升
1~2年

考核定位选拔人才

岗位考核定位
半年

第一阶段	第二阶段	第三阶段	第四阶段
一年入职	两年入行	三年成熟四年成才	五年拔尖

14

【**授课方式**】讲授

【**目的**】分析 5 年 4 阶段策略

【**课程要点**】

　　结合省公司对新员工的目标，根据新人需要学习的技能，要掌握的能力，将五年计划细化分解为技能岗位轮训、管理岗位轮训、技能岗位提升、岗位考核定位 4 个阶段。给人资部门提供可落地的、可执行的政策。

幻灯片 ⑯

策略二：导师制

- 选
  - 严格选拔
  - 联名推荐
- 用
  - 签订合同
  - 优化导师工作量
- 育
  - 明确责任
  - 培训教导
- 留
  - 荣辱与共
  - 约谈改进

—15—

【**授课方式**】讲授

【**目的**】分析导师制

【**课程要点**】

导师不是天生的，也要"选用育留"。

幻灯片 ⑰

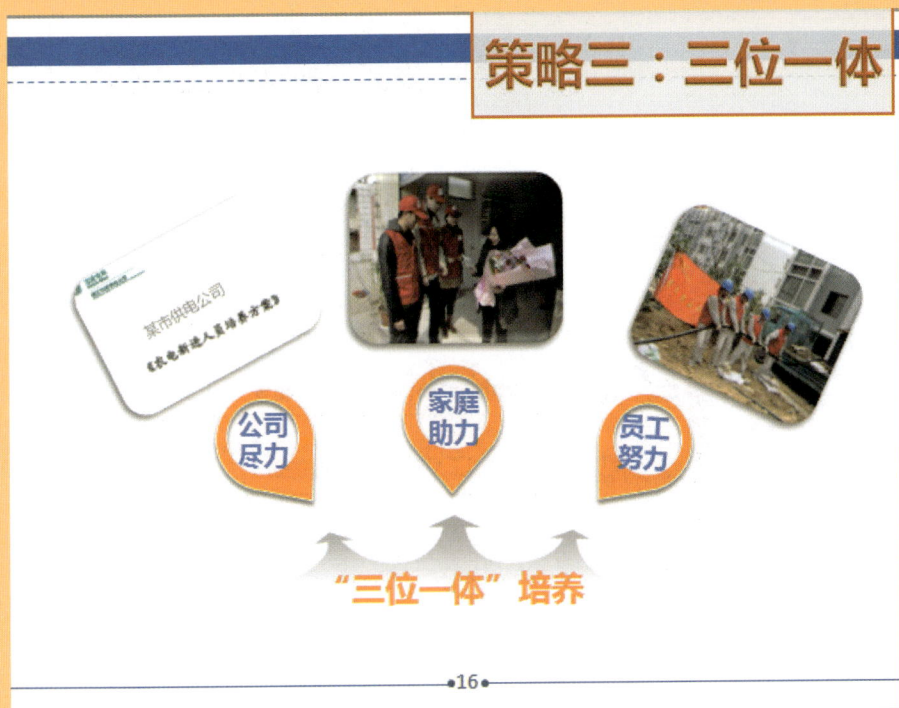

【授课方式】讲授

【目的】分析三位一体的理念

【课程要点】

公司、家庭、员工各自要做哪些工作来共同推进新员工的成长。

幻灯片 ⑱

执行落地显成效

2013

2010

27

- **11**人获市公司竞赛个人名次
- **6**名优秀青年被选调到省、市公司业务部门工作
- **5**人获市公司"专业状元"称号
- **2**名青年员工获省公司调考前5名
- **1**人获省公司竞赛前10

·17·

【授课方式】讲授

【目的】措施取得的成效

【课程要点】

向学员说明，这个故事是真实的，并通过数据展示措施产生的效果。

幻灯片 ⑲

思考及分析

> **本案例给您最大的启示**
> **和思考是什么？**

·18·

【授课方式】小组研讨、小组代表发言

【目的】讨论案例所带来的启示和思考

【课程要点】

引导学员讨论案例带给自己最大的启示，并对小组代表的发言进行记录和总结。

幻灯片 20

【授课方式】讲授

【目的】总结案例及布置课后作业

【课程要点】

　　总结案例中做法的要点及要求学员课后结合标杆经验，制定 2~3 条本单位新员工培养改进行动。

幻灯片 ㉑

【授课方式】讲授、视频

【目的】结语

【课程要点】

通过一个小芽生长的视频，希望新员工能在国网的这个大的平台上，成为栋梁之材。

2. 电网应急抢险教学案例开发

课 程 教 案

（1）课程描述：

教学对象	地市级公司负责人及负责人后备	课程名称	电网企业应对突发重大社会事件应急处置案例
教学方式	讲授、模拟演练、小组研讨	考核方式	应急处置方案
教学时长	170 分钟	最佳人数	40 人
教学内容	电网运行中会遭遇各种突发情况，为保证电网稳定运行，保障电力供应，国网公司的各级管理者都应具备应急管理的能力。这种应急管理能力不仅指单独的电网突发事件应急，还应该包括社会突发事件应急。基于此，本课程以天津"8·12"事件为背景，进行突发社会重大应急事件模拟决策处置，以帮助受训者形成应对公共突发事件的决策思路、工作思路，提升相应的管理能力。		
教学目标	能力目标： 通过研判信息进行案例分析，通过模拟决策指挥参与实战演练，进而积累应急管理经验，提升应急管理决策能力。 知识目标： （1）了解面对突发重大社会事件时应急处置决策思路。 （2）熟悉面对突发重大社会事件的应急处置流程。		
教学准备	（1）教室摆放：小组讨论式。 （2）分组：5 组，每组 8 人。 （3）设备：投影仪、白板、白板笔（红色、蓝色、黑色）、大白纸、黄色便签贴、无线话筒、音响设备等。		

（2）教学过程：

步骤	教学活动	培训方法	时间分配
课前调研	（1）您是否参加过案例教学课程？ （2）您是否参加过突发事件应急处置工作？	互动	3 分钟
课程引入	说明本次课程的目标意义和形式。 突发重大社会事件的应急处置是电网企业作为责任央企不可避免的任务，作为企业管理者应当具备进行应急处置的能力。 本次课程以天津市危化品爆炸案例为背景，通过分析情景信息，进行决策研讨，熟悉应急处置的决策思路和处置流程。	讲授互动	5 分钟
情景导入	播放爆炸事件发生时的视频，情景还原带入。	爆炸视频	1 分钟
案例阅读	阅读爆炸事件第一阶段案例。	静默	10 分钟

续表

步骤	教学活动	培训方法	时间分配
问题互动	问题：如果您是事发时国网天津电力的总负责人，得到案例中的信息后，您对这个事件有何定性的判断？您第一时间想到的应急任务是什么？	互动	3分钟
讨论一	发布任务：以小组为单位，启动应急指挥中心，研讨应急处置任务有哪些，填写决策响应表。	互动	15分钟
	各小组依次分享本组的研讨成果。	讲授	10分钟
	专家点评与复盘。对各个组的研讨成果进行点评，并分享国网天津电力的做法，以及国网天津电力事后的思考。	讲授	10分钟
研讨总结	根据专家点评，总结各组成果，将应急任务划分为应急指挥、现场抢修、信息舆情、后勤保障4个方面，作为第二阶段研讨的基础。	讲授	3分钟
休息			10分钟
案例阅读	阅读爆炸事件第二阶段案例	静默	10分钟
讨论二	发布任务：分析第二阶段案例，从应急指挥、现场抢修、信息舆情、后勤保障四个方面制定现阶段应急处置工作方案，填写决策响应表。	互动	15分钟
	各小组依次分享本组的研讨成果。	讲授	10分钟
	专家点评与复盘。对各个组的研讨成果进行点评，并分享国网天津电力的做法，以及国网天津电力事后的思考。	讲授	10分钟
视频复盘	观看时任国网天津电力总经理对整个事件复盘的采访视频。	视频	17分钟
思考	问题：从一个旁观者的角度出发，你认为案例中天津公司哪些方面值得借鉴，哪些方面有待改进？ 小组研讨：小组成员轮流提出观点，组内汇总后，小组代表发言。	讨论	15分钟
感受分享	采访2~3名学员参加本次课程的感受和收获。	互动采访	5分钟
课程总结	此次案例课程是一次突发事件的应急处置训练，希望对各位学员有所启发。 应急处置工作要做好，功夫主要在日常，应该做好预案的制定、日常的演练和培训工作。 各位学员是国网的领导干部，未来都有可能面对应急处置工作，要在平时建立应急处置的思维意识，提高应急处置的能力。	讲授	5分钟

应急抢险案例教学：
国网天津市电力公司
"8·12"应急指挥案例课件

3. 信访主题教学案例开发

课 程 教 案

（1）课程描述：

教学对象	地市、县公司管理人员、从事信访工作管理人员	课程名称	信访案例应对风险防范分享
教学方式	分组演练	教学时长	1.5 小时
教学目标	每个参与者对案例教学有全面了解；掌握组织案例教学的方式、步骤，能够独立在班级开展案例教学活动。		
教学内容	以处内成员自己撰写的案例小故事作为内容，组织处内成员以分组的形式演练案例教学的组织实施。		
教学准备	（1）教室摆放：小组讨论式。 （2）分组：3组，每组5人。 （3）设备：大白板、白板笔（黑、红、蓝3色），每组需要白板笔（黑、红、蓝3色）、大白纸、无线话筒、音响设备。		

（2）教学过程：

步骤	教学活动		时间分配
确定主题	介绍案例教学的起源、应用		3分钟
组建团队	根据到场人数分组：3组，每组5人。 以报数的方式确定小组分组成员。		2分钟
预热	（1）体验式游戏。 （2）信访简易调查。 （3）信访规则与要求。 （4）阅读信访案例。		30分钟
现场演练	案例教学体验	不同信访案例如何应对。	5分钟
		第一轮研讨：他是如何解决的？	5分钟
		当事人复盘。	5分钟
		第二轮研讨：这个案例对你的借鉴意义是什么？	5分钟
	思考题	（1）案例教学流程优化讨论。	10分钟
		（2）案例教学适用范围讨论。	10分钟
总结	主持人总结。		10分钟

**信访案例教学：信访案例
应对风险防范分享课件**

第4章
操作技能

∧∧∧

工欲善其事，必先利其器。培训教学管理者应熟练掌握办公软件的操作方法，为课程开发、培训宣传等提供有力的保障。学习现代化培训设备的使用，可以提高工作效率与质量。了解基本的日常工作英语口语，有利于与外籍学员交流和沟通。掌握培训教学方法与工具，便于更顺利、高效地开展教学活动。

4.1 计算机软件及应用

4.1.1 常用办公软件的使用（适应期）

office 的使用

培训工作中需要进行资料编辑、数据统计、PPT 展示等工作，熟练地使用 Word、Excel、PowerPoint 等 office 办公软件，可以帮助提高工作效率。对工作中常见的应用场景，根据工作中常见问题，整理了相关问题答案及快捷操作方式，以做为使用参考。问题目录如下，答案请扫描二维码查看。

内训成果展示：

《office 办公技巧》课程手册

1. Word 的使用

➤ 如何删除页眉中的横线？

➤ 如何分别设置目录和正文部分的页码？

➤ 如何设置多级样式列表，自动生成章节标题？

➤ 如何使表格的标题行在每页重复出现？

➤ 如何选择图片的布局选项？

➤ 如何进行纵向页面和横向页面的混排？

2. Excel 的使用

➤ 如何打印标题？

➤ 如何快速编号？

➤ 如何进行数字格式设置？

➤ 如何进行字符串拼接？

➤ 如何使用宏？

3. PowerPoint

➤ 如何设置幻灯片放映模式？

➤ 如何用 PPT 制作简单的抽签程序？

4.1.2 微课设计开发（适应期）

微课内容短小、主题突出、形式活泼，是一种重要的微缩化学习方式。当前，微课已经成为培训线上学习的重要组成部分。作为一名培训管理者应当具备一定的微课制作能力。本主题内训主要针对微课制作能力经验不足的培训管理者，分 3 次进行，每次时间约 4 小时。

微缩化学习、微缩化课程："微缩化"是本书首先提出并使用，用以取代"碎片化"一词。"微"：一指学习内容限于一个微小单元或知识片段，二指学习时长一般不超过 1 小时，更多在 0.5 小时以内；"缩"主要指"微课"制作者匠心独运，精心摘选、缩编课程内容精华，以使学习者快速理解掌握使用知识。

"碎片化"一词含有贬义，对微课编制者的劳动成果和微课学习者的学习意义，都显得不够尊重。微课及微缩化学习的内容是完整单元，是有意义、有逻辑联系的知识片段，而不是"碎片"。很多产品提供者对自己奉献给社会的新产品都会呕心沥血取一个漂亮褒义的名字，唯独培训界对自己贡献给社会的一种新型的适应移动互联网时代的微缩化学习方式，却要取一个充满贬义的名字"碎片化学习"，真是不可思议！

本期培训达到了以下目的：

（1）受训者初步了解微课内容设计的理念和方法；

（2）受训者了解长图文、H5、Flash、视频等微课的呈现方式和电子制作工具；

（3）受训者掌握 PPT 转视频的电子制作方式。

内训成果展示：

微课设计开发课件

推荐书籍：

《以一当十——PPT 微课开发实战》，作者：张吉辉，贾育凡，李奇等。经济管理出版社。

4.2 现代化培训设备的使用

4.2.1 教学设备基本操作（适应期）

教学设备是开展培训教学活动的重要设施，是培训实施过程中将信息技术与培训教学活动融合的硬件平台。设备使用情况直接关系到课程、教学活动的顺利程度及培训效果。鉴于国网高培教室教学设备进行更新升级，为了保证正常的教学培训秩序，提高设备的使用效率，我们专门开展了《教学设备基本操作》内训活动，旨在使受训者掌握单位现有设备的分布情况，熟练掌握各类新设备的使用方法及注意事项，能及时处理设备出现的小问题。本次内训活动用时 0.5 天，活动过程采用小组演练和组间互动的教学方式。

内训成果展示：

常见设备问题课件

4.2.2　掌上高培、数字化校园操作（适应期）

基于培训项目的各个环节，我们搭建了移动端和 PC 端的管理应用平台——掌上高培 APP 和数字化校园系统。为提高管理效率和标准化水平，我们专门开展了《掌上高培、数字化校园操作》内训活动，旨在使受训者了解系统平台的开发背景及功能划分，熟练掌握班主任工作涉及的功能模块的使用方法，提高培训组织管理效率。本次内训活动用时 0.5 天，活动过程采用小组演练和组间互动的教学方式。

内训成果展示：

《数字化校园使用》课程手册

4.3 实用外语

4.3.1 日常工作英语口语（蜕变期）

随着企业国际化程度不断加深，我们会越来越多地面对语言班学员、外籍学员和外籍师资，因此日常工作中的英语口语训练必不可少。针对工作中遇到的不同场景，可开展日常工作英语口语（Oral English in daily work of Training Manager）的内训活动。课程汇集日常工作中使用频繁的英语句式，选取了 4 个场景进行 2 小时的工作英语口语内训活动：一是在校园里与老师交流；二是主持开班仪式和结业仪式；三是课前介绍老师与课程；四是课后总结课程。

本次内训活动达到了以下教学目标：

（1）受训者提高了日常工作中英语口语水平；

（2）受训者了解了日常生活中东西方的差异，并用恰当的英语表达出来；

（3）受训者通过此次内训活动提高自身的英语水平。

内训成果展示：

日常工作英语范例文本和音频

4.3.2　电力专业常用英语（蜕变期）

在当前国际业务日渐增多的国网企业背景下，作为培训者，面对的不仅仅是本国的员工，也会时常接待国外友人，因此，了解电力专业的基本英语是很有必要的。本内训活动以非电专业背景的年轻员工为主要对象，开展了《电力专业英语》内训活动。课程内容主要以火力发电流程为索引，讲解火力发电常用英语专业词汇，部分词汇附有例句，开展了 2 课时的电力专业英语内训课程。

本次内训活动达到了以下教学目标：

（1）受训者对火力发电的系统具有一定的认识和了解；

（2）受训者对火力发电各个环节的英语名词有了一定的了解；

（3）受训者通过本次内训，对电力专业英语有更加深刻的认识。

内训成果展示：

电力专业常用英语词汇

4.4 培训教学方法与工具

4.4.1 若干研讨工具的使用（修炼期）

在组织教学活动中恰当地使用研讨工具能让讨论更具建设性、更高效，同时也有助于将讨论成果付诸实践。因为研讨工具很多，这里只选取了一些我们平时常用的研讨工具供大家学习。

针对组织教学活动经验不足的班主任，我们专门开展了《高培思享荟——以组织教学活动为例学习研讨工具》内训活动，将多种研讨工具融入到本次课程中，旨在使受训者掌握组织教学活动流程，学习组织教学活动的经验，熟悉并掌握至少三种研讨工具的使用方法，能结合实际情况将研讨工具应用在今后的教学活动中。本内训活动用时 0.5 天，活动过程中主要采用小组研讨和全班分享的教学方式。

内训成果展示：课程教案（含教学活动组织流程、遇到的典型问题、原因及措施）。

课 程 教 案

（1）课程描述：

教学对象	培训教学管理者	课程名称	高培思享荟—以组织教学活动为例学习研讨工具
教学方式	分组讨论、全班分享	教学时长	0.5 天
教学目标	通过开展高培思享荟，让受训者掌握组织教学活动流程；学习组织教学活动的经验；熟悉并掌握至少三种研讨工具的使用方法；能结合实际情况将研讨工具应用在今后的教学活动中。		

续表

教学内容	课程目标及内容： 阐述在组织教学活动过程中使用研讨工具的重要性。课程目标是使受训者掌握教学活动组织流程、学习组织教学活动经验、至少学会3种研讨工具的使用。内容包括学习并优化流程、提出问题、分析原因、提出措施。 （1）学习组织教学活动流程： 1）以组为单位拼图。 2）对流程进行优化。 3）推荐工具：流程图、头脑风暴。 （2）提出在组织教学活动中遇到的典型问题： 1）以组为单位提出在教学活动组织中常见的问题。 2）推荐工具：可控—不可控。 （3）针对选出的典型问题分析原因： 推荐工具：团队列名。 （4）提出解决措施。 推荐工具：世界咖啡、收益—实施图、六顶思考帽。
教学准备	（1）教室摆放：小组讨论式。 （2）分组：2组，每组7人。 （3）每组需白板、白板笔（红色、蓝色、黑色）、大白纸、便利贴、万能黏土。

（2）教学过程：

步骤	教学活动	时间分配
开场	（1）课程暖场：分析引导教学的重要性，其中灵活运用研讨工具尤为重要。 （2）了解课程目标及内容：明确学习目的；提出活动要求；说明产出成果。 （3）全班分组：按入职年限排序，按1~2循环报数，报相同数字的为一组，分成两组。	8分钟
学习并优化流程	（1）提问：如果是你组织一次教学活动（半天），你打算如何做呢？ （2）将提供的小卡片进行排序。 （3）课程小结。	5分钟
提出问题	（1）角色分配。 （2）宣布研讨规则。 （3）写出问题：在组织教学活动中遇到的典型问题。 （4）选出1个典型问题。 （5）每组分享选出的1个问题。	15分钟
分析原因	（1）重新组队（选择感兴趣的问题，提出问题的人不动）。 （2）角色分配。 （3）宣布研讨规则。 （4）写原因并分类。 （5）各组分享研讨成果。 （6）其他组补充原因。	30分钟
提出措施	（1）宣布研讨规则。 （2）写措施。 （3）评估措施、排序。 （4）各组分享研讨成果。 （5）其他组补充措施。	30分钟
课程回顾	（1）总结流程、问题、原因、措施等课程内容。 （2）互动提问：在教学活动中用到了哪些研讨工具？ （3）组内讨论。 （4）一组分享，其他组补充。	10分钟
课程引申	思考题：这些工具可以用在什么样的教学活动中，并且是否有可以进一步改进的地方？	2分钟

教学活动组织流程、遇到的典型问题、原因及措施

1. 组织流程

（1）需求调研。

（2）课程设计。

1）教学目标设定。

2）学习任务分析。

3）设计课程思路。

4）编写教学方案。

5）制作培训课件。

（3）课堂组织。

1）课前准备（教学设备、教具、找"托"）。

2）试讲。

3）开场。

4）讲授。

5）互动。

6）总结。

（授课过程中：引导参与，控制流程）

（4）复盘反思。

说明：整个流程是一个闭环。

2. 提出问题

（1）可控型问题：

1）课前对学员需求把握不够。

2）研讨时间设定不合适。

3）环节设计逻辑不清晰。

4）教学目标、教学任务表述不清。

5）学员研讨时偏离主题。

6）学员对各环节的要求不清楚。

（2）不可控型问题：

1）学员积极性两极分化严重，有的滔滔不绝，有的一言不发。

2）时间不好控制，个别组进度太慢，影响其他组进度。

3）学员不遵守教学活动设定的规则。

4）学员参与度不高。

3. 所选问题、原因及措施

（1）所选问题 1：研讨时偏离主题。

1）分析原因：

➢ 学员角度：

①个人性格原因。

②学员之间不熟悉不好意思发言。

③分组不合理。

④培训太久导致学员疲惫。

⑤被组内其他人压制了热情。

⑥没上过研讨课，不知道如何进行研讨。

⑦对规则不熟悉。

⑧对内容不感兴趣。

⑨对议题已有解决方案。

⑩类似课程过多，深谙套路，没兴趣讨论。

➢ 课程组织：

①课程主题对学员没什么帮助。

②气氛调动不充分。

③场下引导、关注较少。

④缺乏激励。

⑤现场嘈杂。

⑥培训师引导水平、控场能力不够高。

2）应对措施：

①方案设计前，进行需求调研，使研讨问题更贴合学员需求。

②将大研讨任务分解，给出表格等辅助工具，形成小的任务，使研讨目标更聚焦。

③课程设计完成后，邀请同事进行方案评审，提高研讨任务的合理性。

④课程方案及课件完成后，进行试讲，提高问题表达的准确度。

⑤授课过程中，倾听学员研讨内容，及时纠偏。

⑥研讨中设置 PK，奖品等激励措施，提高专注度。

⑦选取经验丰富、配合度高的学员担任组长。

（2）所选问题 2：学员参与度不高。

1）原因分析：

➤ 老师方面：

①研讨内容设定以及表述不清楚。

②研讨环节设定不清晰。

➤ 学员方面：

①学员本身没有理解研讨的内容。

②学员对研讨话题兴趣度不高。

③个别学员带偏主题。

④学员注意力不集中。

2）应对措施：

①开场热身互动，充分暖场，破冰，让学员互相认识。

②设置比拼环节，例如积分赛，引入激励。

③学员发言时，维持环境安静。

④提高研讨问题的针对性和有效性。

⑤关注个人状态，多走到学员中间引导。

⑥讲解规则时举例子，也举反例。

⑦对学员的基本信息进行充分地了解。

⑧按学员的专业背景和性格特点进行科学分组。

4.4.2 "拆书帮"教学方法（修炼期）

"拆书"是一种学习方法，适用于以提升能力、解决问题为目标的成人学习，强调以学习者为中心，而不是以知识或者老师为中心，用学习者的经验，运用已经获得的知识，启发新的知识，同时规划具体的运用。在培训班中开展集体阅读活动，可以促进智慧的交流，思想的碰撞，营造良好的集体学习氛围。"拆书帮"是一种非常有效的集体阅读组织方式，通过结构化的流程，可以提高阅读效率，增加读书产出，促使阅读者用书中内容去解决实际问题，达到学以致用。"拆书帮"活动一般需要半天时间，有时也可根据情况适当简化内容、压缩时间。

为内化"拆书帮"教学方法，在培训班中更好的组织集体阅读活动，我们组织全体带班老师进行了《"拆书帮"教学方法》内训活动。本内训活动用时 0.5 天，由外出学习的老师担任讲师，活动过程中主要采用小组研讨的教学方式。

内训成果展示：课程教案（含"拆书帮"教学方法注意事项与 R-I-A 总结表）

课 程 教 案

（1）课程描述：

教学对象	培训教学管理者	课程名称	"拆书帮"教学方法
教学方式	小组研讨	教学时长	0.5 天
教学目标	（1）通过分组实践，掌握 R-I-A 读书方法及其操作步骤。 （2）掌握利用"R-I-A"读书方法组织"拆书帮"教学活动的流程，归纳组织过程中的注意事项。		
教学内容	讲解"R-I-A"读书方法的优点及操作步骤。 按照"拆书帮"教学活动组织流程，组织各小组利用"R-I-A"读书方法进行拆书实践，书目为《隐藏的教练：提问的道与术》。 各小组分享拆书感受，研讨总结"拆书帮"教学活动组织的注意事项。		
教学准备	（1）教室摆放：小组讨论式。 （2）分组：3 组，每组 5 人。 （3）每组需白板、白板笔（红色、蓝色、黑色）、大白纸、红色点贴、无线话筒、音响设备等		

（2）教学过程：

步骤	教学活动	时间分配
导入	课前游戏，调动氛围，并用游戏选组长、分组。 介绍课程目标和内容。	10 分钟
步骤一 问题引入	任务发布：成人读书的困惑在哪里？ 问题交流： 每人拿出一张 A4，折成 6 块小区域。 第一区域，写上本人的名字＋本人读书困惑；其他区域，请其他小组（总共 3 小组）的人在空格处写上他的名字＋其读书困惑（每一个空格只能填一个人。最先把 6 格完成的人获得神秘大奖）。 小结：总结成人读书的困惑。	5 分钟

续表

步骤	教学活动	时间分配
步骤二 "R-I-A" 之 R	方法及规则说明：详细说明"R-I-A"读书法的 R 步骤。	5 分钟
	组内分享： 组内成员按顺序向大家介绍书中的一个故事，只要做到 R 即可，无须延伸。每人限时 2 分钟。由组长控制时间。	15 分钟
步骤三 "R-I-A" 之 I	方法及规则说明：详细说明"R-I-A"读书法的 I 步骤。	5 分钟
	静默思考：请大家将对各自对书中的已阅读内容做练习，完成 R-I 表。	3 分钟
	组内分享： 每人向大家介绍书中的一个故事，做到 I。每人限时 2 分钟。由组长控制时间。介绍同时展示 R-I 表。	15 分钟
	代表展示：每组派出 2 名代表，做完 R-I，无须延伸。每人限时 5 分钟。	30 分钟
	互动采访：请听众对其中一个故事谈谈感受。	5 分钟
步骤四 "R-I-A" 之 A	方法及规则说明：详细说明"R-I-A"读书法的 A 步骤。	5 分钟
	静默思考：请大家将对各自对书中的已阅读内容做练习，完成 R-I-A 表。	3 分钟
	组内分享：每人向大家介绍书中的一个故事，做到 A。每人限时 2 分钟。介绍时候展示 R-I-A 表。由组长控制时间。每组选出一个未分享的人进行班级展示。	15 分钟
	代表展示：被选中的人每人向大家用 R-I-A 介绍书中的一个故事。每人限时 7 分钟。	21 分钟
总结回顾	总结 R-I-A 方法。	5 分钟
成果提炼	号召大家用新的方法读书。	2 分钟

"拆书帮"教学方法注意事项

（1）前期要充分准备。选择适合拆的书籍、提前让大家阅读、详细设计活动方案、提前统计分享内容避免重复等。如果拆的是理论性强、较枯燥的书，可能需提前做更多的准备。

（2）各环节的研讨形式、工具等应在 PPT 中详细说明，每个步骤给一个例子。

（3）各环节的提醒组长把控时间，保证各组进度基本一致。

（4）时间充裕的情况下，各组间互动可以多一些，如别人的分享给自己的启发或学到的东西。

（5）读书的困惑问题导入与拆书方法的衔接要连贯、自然。

"拆书帮"R-I-A 总结表